“品读南京”丛书

丛书主编

曹路宝

南京传统风俗

陶思炎 著

南京出版传媒集团
南京出版社

图书在版编目（CIP）数据

南京传统风俗 / 陶思炎著. -- 南京 ：南京出版社
ISBN 978-7-5533-2078-6

Ⅰ. ①南… Ⅱ. ①陶… Ⅲ. ①风俗习惯—介绍—南京
Ⅳ. ①K892.453.1

中国版本图书馆CIP数据核字（2017）第326409号

丛 书 名：品读南京
书　　名：南京传统风俗
丛书主编：曹路宝
本书作者：陶思炎
出版发行：南京出版传媒集团
南 京 出 版 社
社址：南京市太平门街53号　　邮编：210016
网址：http://www.njcbs.cn　　电子信箱：njcbs1988@163.com
天猫1店：https://njcbcmjtts.tmall.com/　　天猫2店：https://nanjingchubanshets.tmall.com/
联系电话：025-83283893、83283864（营销）　025-83112257（编务）

出 版 人：项晓宁
出 品 人：卢海鸣
责任编辑：吴新婷　刘　娟
装帧设计：潘焰荣
责任印制：杨福彬

排　　版：南京新华丰制版有限公司
印　　刷：南京工大印务有限公司
开　　本：787毫米×1092毫米　1/16
印　　张：13.75
字　　数：205千
版　　次：2018年3月第1版
印　　次：2018年3月第1次印刷
书　　号：ISBN 978-7-5533-2078-6
定　　价：45.00元

天猫1店　天猫2店

目　录

人生礼俗

民俗艺术

饮食风俗

前　言

风俗作为一个民族或一个地区的文化传统、价值观念和生活方式的集中体现，是弥足珍贵的精神财富和特色鲜明的文化资源，其传承与演进既有文化选择的主导因素，又遵循与时迁化的自然规律。“风俗”与“民俗”的语词在汉朝都见使用，其语义亦大略相同。司马迁在《史记·孙叔敖传》中有“楚民俗，好庳车”之说，《管子·正世》中有“料事务，察民俗”之载，而《汉书·董仲舒传》则有“变民风，化民俗”之言。“民俗”多指民间的习俗，而“风俗”带有上下层文化相互影响，并形成地区与民族的传统之意。在中国古代，“风俗”曾受到官方的特别重视，甚至被当作体察民情和治国兴政的重要手段。早在春秋时期，我国就已形成到各地采风问俗的治理传统，在汉朝还设有称作“风俗使”的专职官吏。

“风俗”作为地域性的风尚和习俗，在当今与“民俗”的概念已无甚区别。在我国古代典籍中，“风俗”一词更为多用。《汉书·地理志》载：“凡民函五常之性，而其刚柔缓急，音声不同，系水土之风气，故谓之风；好恶取舍，动静无常，随君上之情欲，故谓之俗。”这里，班固将“风”说成是“水土”所系，而将“俗”说成是遵循教化的结果，即“风”是自然形成的，而“俗”是人为造就的。东汉应劭在《风俗通义序》中则指出：“风者，天气有寒暖，地形有险易，水泉有美恶，草木有刚柔也。俗者，含血之类，像之而生，故言语歌讴异声，鼓舞动作殊行，或直或邪，或善或淫也。”应劭的风俗说也强调地理因素的决定作用，但他把“风”说成是由“天气”“水泉”“草木”等自然条件决定的，而把“俗”说成含血的活物，也同地物一样，有言语、动作、习性、品质的不同。此外，《洪武正韵》说：“上所化曰风，下所习曰俗。”阮籍《乐论》曰：“造始之教谓之风，习而行之谓之俗。”嘉庆《江阴县志》卷 4 载：“因物而迁之谓风，从风而安之谓俗。”它们均把教化和传习看作风俗的由起，强调风俗的文化性质。

“风俗”，还被古人视作“国家元气”之所在和太平兴盛之基础。宋朝楼钥《攻媿集》卷 25 曰：“国家元气，全在风俗；风俗之本，实系纪纲。”明朝郑晓《策学》卷 2 指出，风俗“贯于人心，关乎气运，不可一旦而无焉者”。因风俗的淳厚与否关系到国运人心，故宋朝诗人陆游发出了“倘筑太平基，请自厚俗始”之论。

风俗作为群体的行为模式，涉及物态的（物质性的）、心态的（精神性的）、动态的（行为性的）和语态的（语言性的）文化层面，它受自然力、生产力、道德力的制约，或微或著，或消或长，始终处于历史演进之中。对一个开放的、不断发展的城市而言，风俗对城市历史传统的承续、城市精神的提炼、市民情感的凝聚和文化整合的推动具有直接的作用。可以说，风俗不仅体现着城市的文化传统，也构成了城市发展的特殊资源与内在动力。

南京风俗的创造与享用主体是南京人。由南京的历史文化和山川水土所哺育的南京人，他们继承着南京的地方传统，也传承着南京的风俗文化。

十朝都会的文化积淀和五方杂处的人口历史，使南京人的性格和习俗形成了鲜明的风格特征。这些特征可归纳为：崇文重教、朗健率直、豁达包容、重义轻利、质朴敦厚。

就“崇文重教”而言，南京人自六朝以来就养成了崇文好学的风气，社会上的各色人等都以读书为乐，就连当时贫贱的隶仆之辈，在力役之际也往往“吟咏不辍”。南京作为古代的文化高地和文化中心，是一个崇文尚雅的学习之城，为他地所难望其项背，故屡获“人品论鉴，居东南先”的美誉。金陵地处浙、淮之间，但与浙、淮在风俗上既有联系，又有区别。古人曾将金陵与浙、淮相互对照，得出“有浙之华而不浇，淮之淳而雅”的论断。作为人才辈出的士林渊薮，南京始终保有崇文重教的风尚，明朝的国子监始建于此，近现代高等学府云集南京，南京至今还延续着文教为先的传统，并培育出南京人尚雅好学的性格特征。

就“朗健率直”而言，南京的古都风韵和文脉豪情与江南灵秀的山水相互映衬，使生息在这方水土的南京人生性开朗，坦荡大气，处事不狭隘，不猥琐，诚恳自信，不使心计，故宋人杨万里称颂金陵“其俗英且毅”“其士清以迈”。南京人坦诚恳挚，内外如一，多爱打抱不平，仗义执言，说话直率而不留底细，遇事坦荡而不躲让，故近代以来常被外地人曲解，并以“大萝卜”的外号来笑称。

就“豁达包容”而言，南京人不排外，不欺生，无以贫富待人之见，亦无“本乡”与“外乡”人等之分。由于多次战争的屠戮和大规模的人口迁徙，南京在历史上反复出现人口减损和外来补充的交替现象，并逐步成为一个既有古城传统，又整合着八方客俗的移民城市。来自五湖四海的新移民与南京城乡的原住民相互混融，长期磨合，逐步使南京人的性格和风俗在不断地传承与整合中演进，最终形成雅俗交并、南北兼容的城市文化特色。

就“重义轻利”而言，南京人不巧言，少心机，不屑作利益计较，不擅长做官和经商。《嘉庆江宁府志》卷 11 转引《松窗偶笔》曰：“金陵士风，素以慕势为耻，不工于夤缘钻刺，故巍科既鲜，贵仕亦稀。”此外，宋朝《景定建康志》引宋人游九言的话说：金陵土风“颇知自爱，少健狡之风，工商负贩，亦罕闻巧伪” 。南京人大多至今仍延续着“自爱”的传统，不巧伪，不钻营，遇事顺其自然，不多算计。

就“质朴敦厚”而言，南京人不尚奢华，惯于淡泊。衣着，在我国东南部城市中曾长期显得相对朴素而土气，甚至不及一些中小城市来得时尚；饮食，喜吃米饭，不吃稀饭，曾流传过“饿的哭，不吃粥”

的谣谚，但大多又粗茶淡饭；房舍，不讲究内外装饰，门窗、墙壁、梁柱等多简洁大方，朴实无华；处事，不走捷径，不通关系，按部就班，顺应自然。就连古代较有身份的士族也不奢华，有“居室不敢淫，饮食不敢过”之说，故南京素获“质厚尚气”“风俗习尚，华而不侈”之赞。

南京人上述的性格特征，正体现出南京传统风俗的基调。长期以来城乡交混、南北杂糅的实际，使南京人的习性处在相对平稳的中和状态：语言不疾不缓，饮食不甜不咸，性情不温不火，习性亦雅亦俗。

南京风俗的传承空间包括南京城区和周边郊县，它们虽状态不一，但相互间有着客观的影响与交融。在南京的高淳区、溧水区、六合区等原先的郊县，尤其是在高淳，传统风俗的传承状态相对较好，诸如傩舞傩仪、庙会活动、纸马、道画、魁头、面具、大马灯、羽毛扇、古戏台、建筑木雕等风俗活动和文化遗产依然可见，成为追寻南京传统风俗的重要对象。

本书按“岁时风俗”“人生礼俗”“游乐风俗”“民间俗信”“民俗艺术”“饮食风俗”等大类分别罗列条目，展现南京传统风俗的多彩形态和深厚内涵，以冀让读者朋友们在品读中产生这样的体悟：南京风俗是回味南京的有趣史料，认知南京的象征符号，考察地域性格的奇妙窗口和推进文化再创的资源宝库。

岁时风俗

何谓“岁时”？所谓“岁时”，乃指“年”和“季节”，其中“岁”为“年”，而“时”指“季节”。

《尔雅·释天》曰：“载，岁也。夏曰岁，商曰祀，周曰年，唐虞曰载。”郭璞注说：“岁，取岁星行一次；祀，取四时一终；年，取禾一熟；载，取物终更始。”可见，上古时期不同朝代对“年”有不同的名称和取义，其中“岁”指对岁星（木星）的观测。至于“时”，《说文》曰：“时，四时也。”《释名·释天》曰：“时，期也。物之生死各应节期而止也。”《白虎通·四时》载：“时者，期也。阴阳消息之期也。”可见，“时”表作物“阴阳消息”的转换之期。汉朝王充《论衡·难岁篇》指出：“连月为时，纪时为岁。”《谷梁传·桓公元年》则曰：“四时具，而后为年。”也就是说，四时为一年。这样，“岁时”也就是指年月，指四季，而“岁时风俗”，则指一年中按时序展开的有时令特点的风俗活动，包括春夏秋冬里的各个节气与节日。

岁时风俗就其类型来说，主要有年节性岁时风俗、农事性岁时风俗、纪念性岁时风俗、宗教性岁时风俗、游乐性岁时风俗等。其中，节日风俗最具民族风韵和地方特色，其文化主题往往通过节物、节事、节信、节语这四大符号系统而得到显现。

南京四季分明，其春夏秋冬之风俗精深精妙，多姿多彩，成为展示南京文化的重要而特殊的窗口。

春时风俗

打春送春立春日

立春是二十四节气中的第一个节气，在民间有“春雨惊春清谷天，夏满芒夏暑相连，秋处露秋寒霜降，冬雪雪冬小大寒”的节气歌。立春的日期在公历的2月3日～2月5日，被人们视作阳历的第一个节日，南京人称之为“新春”。立春日在古代曾被叫作“春节”，《后汉书·杨震传》：“又冬无宿雪，春节未雨，百僚焦心，而缮修不止，诚致旱之征也。”此外，南朝梁代萧绎《春日诗》中有“春还春节美，春日春风过”之句。作为“新春”的立春历来较受人们重视，甚至有“新春大如年”之说。立春日被人们视作新春的伊始，在观念中它总是与农事和年成联系在一起。

立春在南京曾有打春、咬春、送春等风俗活动。

“打春”又称“鞭春”，是由府衙在立春日主持的鞭打土牛的迎春风俗。在南京，迎春的方位在东郊通济门外。据民国潘宗鼎《金陵岁时记》载：“迎春东郊，旧在通济门外鬼神坛，后移神木庵。是日，郡守以下咸往，至府署而止。句芒神曰傲马。”“句芒神”即“春神”，后又作为耕牧之神，与土牛并出，以表送寒迎春和示农宜田。

牛为“中央之牲”，土属，被视作土地之精和农业恩主。敬牛重农的情感和祈丰求稔的盼求很早就以土牛迎春的仪式沿袭下来，形成立春时节的传统风俗活动。立春“打春”起于何时？古有“周公始制立春土牛”“以示农耕之早晚”（宋朝高承《事物纪原》）之说。正史载，土牛之制在汉代已成定制。《后汉书·礼仪志》载：

> 立春之日，夜漏未尽五刻，京师百官皆衣青衣，郡国县道官下至斗食令史皆服青帻，立青幡，施土牛、耕人于门外，以示兆民。

春牛多用五色土制作，以仿效社稷坛的五色土。土牛的尺寸具有象征的含义：身高四尺，象征四时；长三尺六寸，象征三百六十日；头至尾八尺，象征八节；尾长一尺二寸，象征十二个月；鞭长二尺四寸，象征二十四节气。南京的芒神和鞭春的五彩棒亦有尺寸和颜色的定规。《金陵岁时记》引《月令广义》曰：

> 芒神身高三尺六寸，按一年三百六十日。芒神服色，以立春日支相克为衣色、为系腰色：亥子日黄衣青系腰，寅卯日白衣红系腰，已午日黑衣黄系腰，辰戌、丑未日青衣白系腰。手执鞭用柳枝，长二尺四寸，按二十四节气，上用结子，以立春四孟用麻，四仲用苎，四季用丝，俱以五彩染色。其身有老少之分，寅申、已亥年老像，子午、卯酉年壮像，辰戌、丑未孩童像。其立分左右，六支阳年在右边立；阴年在左边立。

上述芒神服色每年的变化，构成了占水旱年成的“觇春”风俗。土牛一般在立春前五日做成（宋朝陈元靓《岁时广记》卷8），让人争摸以占新岁利市，民间流传着“手摸春牛脚，赚钱赚得着”的谚语。

立春前一日或当日大早有“打春”的风俗活动。宋代多在立春前一日打春，后打春的活动渐向立春日集中。南京在“打春”前，先备好五彩笔，让盲人在春牛身上随意涂绘，用以判断年成的丰歉。

清朝时，南京的土牛从江宁府（在今府西街）前抬出城外，经中正街（今白下路）到通济门外“土牛厂”，而后经聚宝门（今中华门）、府东街（今中华路）回府，沿途观者如堵。打土牛的鞭子是彩纸裹芦柴棒做的“五花棒”，由太守亲打三下，打春时炮铳、鼓乐齐鸣，热闹非凡。鞭春后，土牛被抬到闹市继续供人观瞻。

一些地方的农民在打春时还争抢春牛的碎土，带回家后置于户上或灶上，以作为辟瘟、发家的象征。北宋苏东坡《祭春牛文》有“三阳既至，庶草将兴，爰出土牛，以戒农事”之句，点到了春牛助农的风俗主题。除了官方的大土牛，民间也有制作小土牛出售者，使之成为立春时节最具时令特色的节物。此外，乡村中还有用彩纸、芦柴或秫秸制作的纸春牛，在鞭春仪式结束后就地焚毁。

大凡节日都有时令性的美食为节物，立春在南京的主要食品是“春饼”“春卷”和韭菜芽。全家人围坐在一起吃春饼或吃春卷，谓之“咬春”。春饼一般做得很薄，像茶盘一样大。清朝文人袁枚在《随园食单》中曾称春饼“薄如蝉翼，大若茶盘，柔腻绝伦”。春饼的吃法是用来卷韭芽、荠菜、冬笋、肉丝之类，比北方的煎饼要柔软、细腻、可口，所以令人喜爱。至于春卷，也以面裹韭芽、荠菜、肉馅为主，经油炸而成为香脆爽口的美食。

立春时节还有在窗户上、门上、墙壁上贴“宜春”的古俗，叫作“宜春帖”，以迎接春天的到来。它在南朝时期与剪彩的春燕等“春花”一道流行，在都城建康（今南京）十分普遍。

“村田乐”是明朝时在南京兴起的立春活动，主要在乡村中盛行。《金陵岁时记》载：

> 谚云：“腊鼓鸣，春草生。”村人击细腰鼓以逐疫。吾乡立春前后，有击腰鼓、小锡锣沿门唱俚谣者，背负印文一纸，颁自阴阳学。俗云，南乡冯家边人，惯说吉利话，即此。按：明时教坊司每于岁首五日内，

或四人，或五六人，往富贵人家奏乐一套，谓之“送春”，又谓之“节料”。

“送春”又叫“颂春”“唱春”，其使用的各种曲调有十多种，有“长调”“短调”“惊喜调”“打牙牌”“种麦子”“买棉花”“花墙会”“山歌调”等。“送春”人打鼓敲锣，走村串户，除了有固定的唱词，多为即兴随口所编的吉利话。尽管传说明朝曾令在城中江宁、上元两县填词流传，但主要传承地在南部乡村，当今在南京高淳区还见有较好的遗存。相传明朝时南京西郊洛塘村马之清在紫金山下经道人指点，学唱道情，并把道情带入了高淳，经充实、完善，最终形成了富有地方特色的民间曲艺——“送春”。

在高淳，送春人往往两人搭档，一个敲锣，一个击鼓，一唱一和。送春人以执鼓者为大，站左边；敲锣者为次，站右边。鼓是巴掌大的羊皮小鼓，取 13 节长的紫竹根作鼓槌；锣是直径 10 厘米左右的小锣，以 2 尺 3 寸长的宝剑形竹片作锣槌，叫作“锣片”。锣片两面漆绘龙凤图案，下面用红丝带串着 8 枚铜钱作装饰点缀。每到一处，鼓打 13 下，锣敲 9 声，鼓手行腔起调，锣手接唱应和。他们见到什么唱什么，这种唱法叫作“见之歌”，又叫“欢喜歌”。送春不只是上门送“见之歌”，还有一种形式叫“送坐堂”。“送坐堂”由主家请送春人进门演唱长篇故事，时间上一般少则一两小时，多则一两天，由主家供给饭菜，并付给赏钱。在高淳，“送坐堂”的老唱本有《风筝记》《洛阳桥》《白蛇传》《孟姜女》等爱情故事和历史传说。（陈普生：《民间曲艺送春》，载高淳县政协编《高淳风俗》，2005 年铅印本）

“送春”迎合了人们新春纳吉的心理，也为充满希望的春天带来了欢悦的气氛。

春节过年说由来

夏历正月初一是中国的新年，称作“元朔”“元日”“元旦”等，在上古其所在月份不尽一致。直到汉朝，汉武帝采用了《太初历》，确定了正月初一为新年之始，从此两千多年传承相沿，使春节成为中华民族最盛大的传统节日。

中国年的名称很多，有“元正”“元朝”“正旦”“过年”“春节”“三朔”等。春节名称的纷繁，表明了这一传统节日的源远流长及其所隐含的文化内涵的深广。

在中国年的若干名称中，最晚采用的是“春节”，“过年”则是最口语化的俗称，至今南京人说春节还是多讲“过年”。其实，“过年”一词并非俗人之俗语，而有着特定的功能取义和深厚的文化内隐，其语义与古代“度朔山”的神话联系在一起。

汉朝的王充在《论衡·订鬼篇》中引用《山海经》的神话说：

> 沧海之中，有度朔之山，上有大桃木。其屈蟠三千里，其枝间东北曰鬼门，万鬼所出入也。上有二神人，一曰神荼，一曰郁垒，主阅领万鬼。恶害之鬼，执以苇索而以食虎。

神荼、郁垒

在这则神话中，有“沧海”“大桃木”“神人”“万鬼”“苇索”“虎”等神秘事物，勾画出度朔山作为“神岛”或“鬼岛”的性质。

神荼、郁垒是我国最早的一对门神，其图像是被画在桃木板上，或以其名写在桃木上的，在民间也有用山桃木的枝条置于门户，以作为门神的象征。

如果说先秦的门神是无形的或非人形的，汉朝则出现了石雕或砖雕的人形图像，已有了彩绘门神的记载，并广泛用于风俗活动之中。东汉蔡邕《独断》曰：

> 海中有度朔之山，上有桃木，蟠屈三千里，卑枝东北有鬼门，万鬼所出入也。神荼与郁垒二神居其门，主阅领诸鬼，其恶害之鬼，执以苇索食虎。故十二月岁竟，常以先腊之夜逐除之也。乃画荼、儡，并悬苇索于门户，以御凶也。

南朝时，人们于正月一日画神荼、郁垒二神为“门神”。梁朝的《荆楚岁时记》云：“正月一日，是三元之日也，谓之端月。……绘二神贴户左右，左神荼，右郁垒，俗谓之门神。”

门神在其传承中不断发展、变化，形成了“武门神”与“文门神”的不同系列。

在南京，辟凶类的门神贴挂较少，但祈福类的门画却品种较多，尤以水西门谢合泰作坊印制最精。据《金陵岁时记》载：

> 金陵人家大门之有门神者不多概见，惟后门贴钟馗，内室各门亦不一。其制：年老者用“推车进宝”“四季平安”；少年则“麒麟送子”“五子夺盔（魁）”“冠带传流”等图。单扉则贴一圆形和合，名曰“一团和气”。亦有摹财神、仙官形像者，义取吉祥而已。其制：以矾水浸纸，模印其上，施以五彩。水西门谢合泰作厂最工。

可见，在清末南京，贴祈福门画是迎年纳吉的一道风景。

因新年本有“三朔”的名称，“过年”也就是“过三朔”。由于“过”与“度”是同义字，便可相互置换，所以“过三朔”就是“度三朔”，若省略其中的量词，就是“度朔”！这样，“过年”就透露出与度朔山的神秘联系，使其除阴辟凶的功能追求有了文化的逻辑。

南京人多称“春节”为“过年”，包含了古人对时令的阴阳交替观念，并以神话哲学和文化逻辑的方式对岁时的循环往复做出了解说，最终形成了长传未泯的节日情结。

新年门饰纳吉祥

每到新年，家家户户装饰门户，是南京人家的过年风俗。在南京，居民们喜欢选用的迎春门饰主要有春联、松柏枝、芝麻秸、冬青树叶、雄鸡、红钱、“福”字等，它们作为纳吉迎祥的新岁节物，其本身往往就是民间俗用的祥物，并具有特定的岁时象征意义。

春 联

春联，又叫“万年红”“联句”“对子”等，其前身是桃符。所谓“桃符”，即桃木棍，或写着“神荼”“郁垒”字样的桃木板，分左右挂在对外的大门上。桃符之制来自度朔山神话，是神树与神人合一的象征。传说，五代时后蜀的孟昶写下了“新年纳余庆，嘉节号长春”的联句，被视作最初的新春对子。到宋代，红纸已逐渐取代了桃木板，为贴春联风俗的最后形成准备了条件。

春联的形成和普遍贴用是在明初的都城应天府（今南京），这与明太祖朱元璋的大力推广有直接的联系。据《金陵岁时记》转引清朝陈云瞻《簪云楼杂记》云：

> 明太祖都金陵，于除夕前忽传旨，公卿庶士之家，必须加春联一副。帝微行出观，以为笑乐。偶见一家独无，询知为阉豕苗者，未倩人耳。帝为大书曰：“双手劈开生死路，一刀割断是非根。”书讫，投笔而去。

明太祖朱元璋

明太祖不仅要求南京人家在元旦家家贴春联一副，且亲自出宫观赏，甚至亲手代写联句，成为贴春联这一中国春节风俗的最重要的推手。因当时写春联的纸张选用朱砂染红，故春联在南京素有“万年红”的吉祥名称，用以象征千家万户的兴旺发达和大明江山的万年永存。

贴春联的风俗带出了写春联的行当和卖春联的商贩。明清时期在南京水西门一带就有以代书春联为业者，其中水西门大街的孟子寿字馆最为有名。在南京，春联主要贴在对外的大门、后门等门上，亦有贴卧室、书房、厨房等内屋门的，甚至还有将联句镌刻在板门上，多年如一，无须更换。新年所用的联句以迎春、颂春、褒美、祈愿、抒怀、吟志等内容为主，具有门户装饰、时令渲染、心理调节和启迪教化等功用。常见的传统联句有：

国恩家庆，人寿年丰；
人勤物阜，国泰民安；
门大要容千骑人，堂深不觉百男喧；
爆竹一声除旧，桃符万象更新；
天增岁月人增寿，春满乾坤福满门；
忠厚传家久，诗书继世长；
……

贴春联有空间变换的讲究，在大门、房门、书房门及厨房门、柴房门等处，所贴的春联内容往往各有不同。

五子夺魁图

明初在南京兴起的贴“万年红”的春节风俗，早已流布全国，至今仍是城乡民宅门户装饰的手段，也是春节文化传承的媒介。春联的文句大多是讲求对仗的诗的语言，蕴含着历史典故和人文情怀。南京在春联的应用方面为全国开了风气之先，这也从一个侧面彰显了古城南京所特有的崇文尚雅的传统。

松柏枝、芝麻秸、冬青叶

在明朝的南京，每到岁除、岁旦，人家门上就插松柏枝、芝麻秸、冬青树叶，富贵人家则在房门左右贴画雄鸡。（明朝顾起元《客座赘语》卷 4）插挂松柏枝和冬青树叶，取其门庭冬夏常青、永不衰败之意，以讨长生、永恒的吉利。至于岁除、岁旦在门上插芝麻秸的风俗，则经历了价值取向的变化，原先是在岁除把芝麻秸置于门外地上让人踩踏，这一风俗称作“踩岁”，取“踩祟”辟凶之意，后新年风俗的文化功能渐渐向纳吉方向转化，芝麻秸便成了“节节高”“年年高”的象征。

雄　鸡

雄鸡作为南京人家的新年门户装饰，有着较幽深的文化隐义，这一新年风俗在南朝时期就已流传。

为何会形成元日贴鸡符的风俗？鸡的文化象征与神秘信仰又缘何而出？

鸡能驱鬼辟阴之说在民间多有讲传与风俗应用，如夜行提鸡以退鬼魅，鸡鸣则游魂逃遁，塑鸡之像能镇辟水怪等。东汉应劭《风俗通义》称：鸡主“御死辟恶”，“礼贵报功，故门户用鸡也”。

鸡符在元日贴挂，本有贺年迎春的性质。古人视鸡为“积阳”，具有与太阳同类相感的神能。据《春秋说题辞》载：

> 鸡为积阳，南方之象。火阳精物，炎上。故阳出鸡鸣，以类感也。

古人以五行说释方位，用木配东，火配南，金配西，水配北，土配中，故鸡为“南方之象”，即属火，为阳精，本身就是太阳的同类。由于“阳出鸡鸣”，鸡鸣则日升，所以贴画雄鸡有迎接新岁初日的寓意。

鸡在古代信仰中甚至就等同于太阳。唐朝徐坚《初学记》卷 30 引《风俗通》曰：

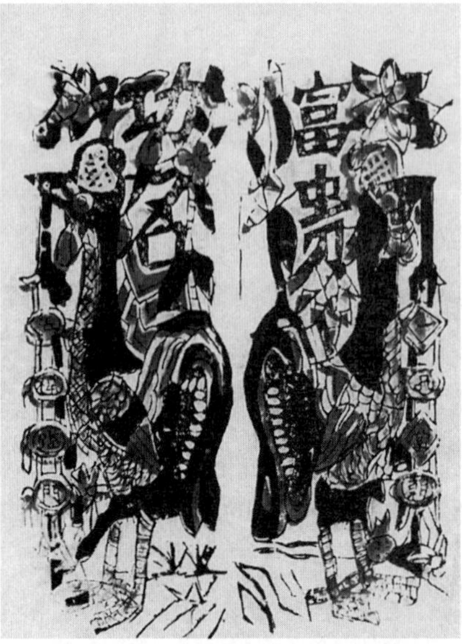
鸡符

呼鸡曰“朱朱”。俗云，相传鸡本朱氏翁化为之，今呼鸡皆“朱朱”也。

这里的“朱翁”就是“四神”中位在南方的朱雀。朱雀是红鸟、火鸟，即太阳鸟，也就是太阳的兽体象征，因此“朱翁”之称便近似于现代语汇中的“太阳公公”。鸡是“朱翁”所化，也就是说，鸡是太阳的变体。可见，贴鸡于门，就是贴日于门，是人们迎接春天心态的曲折表达。由于有阳长阴消的观念，俗信置鸡门户便能退辟作为“阴气”的魑魅。

由于鸡、日相感，古人幻想空中当有“天鸡”。“天鸡”是第一个感知日出的报晓者，而春节叫“元旦”，即首次日出，当然也只有鸡先知，由它通报人间了。明朝南京在大门上贴画雄鸡，实际上是有关雄鸡信仰及太阳崇拜的一种象征性的表达。

在儒文化占主导地位的中国古代，鸡被附会为具有“五德”的祥禽而备受厚爱。春秋时代的田饶曾对鲁哀公说：“君不见夫鸡乎？头戴冠者，文也；足搏距者，武也；敌在前敢斗者，勇也；见食相呼者，仁也；守夜不失时者，信也。”由于鸡有上述“五德”，因此贴鸡于门又寄托着新岁纳吉的祈福心愿。

南京贴画雄鸡是在岁除、岁旦，乃因元日为鸡日。西汉东方朔《占书》云：“一日鸡，二日犬，三日豕（猪），四日羊，五日牛，六日马，七日人。”这种兽、日相配，是由空间认识而演化出的。“七”作为宇宙数，表示东、南、西、北、中、上、下七个方位，东为日出之方，故列位序之首，并与时序中的初一相应，因此东方以鸡相配，并成为太阳初出之日——元日的象征。从这层逻辑关系讲，鸡图隐含着远古的宇宙构想，并具有划分岁时的文化意义。在民间风俗中，它被赋予了伏鬼除凶、迎年纳吉、装饰门户和点画时节的文化功用。

红　钱

红钱，为刻纸而成的新年节物，门上的红钱大多五张为一组，与春联同贴，能使门户焕然一新，令人顿生蓬荜生辉之感。红钱，在他乡又叫作“门钱”“喜钱”“挂钱”“挂笺”“门笺”等，在南京则又称作“黄钱”，尽管仍用红纸刻制。清朝甘熙《白下琐言》卷4言及南京风俗时说：

> 以纸镌钱，贴诸户牖，谓之黄钱。然色皆尚红，黄者惟有丧者用之。

红钱一般用红纸剪刻而成，呈长方形，其镂空的背饰为密匝的方孔钱纹，上有吉语题额，中有吉祥图案。人们在除夕将它贴挂于门楣、窗框或厅堂的檩条之上，以作为新岁的节物。至今，贴挂红钱的风俗在南京城乡仍偶有所见。

红钱的尺度有大小之别，一般悬于门楣或窗框上，其长多在1尺左右，宽在6 ~ 7寸之间。而挂于厅堂檩条上的则尺幅较大，一般长过2尺，宽在1.5尺左右。通常人家贴挂红钱为迎春接喜，所以选用红纸，只有丧家用黄纸或绿纸，三年后再恢复用红纸。

红钱上的吉祥题语颇为丰富，有“喜盈门”“报春花”“满园春色”“福如东海”“年年有余”“黄金万两”“日日生财”“凤鸣胜利”“万事如意”“招

招财进宝（红钱）

贴红钱、福字的人家

财进宝”“大地皆春”“龙凤呈祥”“吉星高照”“鱼跳龙门”“前程似锦”等。就红钱的吉祥图案或主要构图而言，有“囍”纹、元宝纹、万年青纹、龙凤图、八仙图、鱼跳龙门图、福禄寿三星图、喜鹊登梅图、丹凤朝阳图、双鱼图、梅花纹、灯笼纹、十二生肖图等。红钱的近代功用主要是迎春纳福，用题额文字和主题图形烘托新年的喜庆气氛。

黄钱、红钱、门钱之所以叫作“钱”，因其背饰多为方孔铜钱纹，而取用古钱的图像，则另有其象征意义。古钱多为方孔圆边，其外圆为“天”，即乾天，为“阳”的象征；其内方为“地”，即坤地，是“阴”的象征。于是，钱纹就表天地抱合、阴阳同在，具有八卦太极的含义，故信能辟凶纳吉。

“福”字

过年贴“福”字是清朝形成的新年风俗。“福”字贴在门上或门边墙上，也贴于窗户、中堂和各类家具之上，仅用一个汉字就能点画出人们的新年祈盼和接福迎春的主题。“福”与“春”常左右并贴，表明它们与“报春”条、“宜春”条的内在联系。“福”字既贴挂门外，又贴于内室，甚至还见之于用具和农具之上，成为一个随处可用的新年装饰。

南京贴“福”字的风俗也很盛行，不论是小户人家，还是像甘熙故居这样的被称作“九十九间半”的大宅，过年都贴“福”字。在南捕厅甘家大宅的外墙上，甚至还常年镶嵌着砖雕的“福”字。由于清代皇宫中盛行新年写“福”字、贴“福”字、赐“福”字的传统，自然也就影响到民间。

不过，“福”字应该是正贴，还是倒贴？当今不少市民已不甚了了。

迎春的“春”字没见有倒贴的，“黄金万两”的斗方也没见倒贴的，新婚人家的“囍”不会倒贴，寿诞仪式中的“寿”字更未闻倒贴，可见，这些吉祥字词是不宜倒贴的。不过，“福”字自清朝兴盛以后，倒贴的做法在民俗中确实是有过，但它作为一种巫术手段，只用于某些非正常的情境和某些特殊的地方。旧时，“福”字倒贴一般出于以下三种情况：

其一，穷困潦倒、灾祸连连的人家为了脱贫和转运，采用倒贴“福”字这种巫术手段以强扭命运，而富裕、小康之家和平静、和顺之家贴“福”

字则一概堂堂正正。这正是为什么在故宫、府邸和大户人家的宅院，不论是砖雕的、木雕的或书写的“福”字，总见不着倒置的。

其二，为了讨口彩，即用游戏的方式来表达祈愿。除夕贴“福”字时，大人们有意将“福”字倒贴，然后会问自家的小孩：“我家的‘福’字怎么样？”孩子说：“我家‘福’倒（到）了！”就算讨得了口彩。于是全家喜形于色，大人们便从衣袋里掏出糖果塞给孩子，可孩子一走，马上就把“福”字再正过来，只是短暂地做了一个游戏，旨在从孩子口中讨得口彩和吉利。

其三，写有“福”字的红纸有大有小，斗方大字贴于门上、窗上、墙上等处，一律正贴，而小若巴掌的小“福”字用来贴于器用上，确有几处是倒贴的，它们是：马桶、尿壶、痰盂、垃圾桶、污水盆等。污秽倒出时，则“福”字就正过来了，以讨得“秽出去，福进来”的吉利。

上述几种情况被当代人所混淆，只知道跟着潮流去倒贴“福”字，以浅近的“福倒、福到”的谐音理解，去取代春节文化符号的民俗内涵。“福”字是用红纸写成的，与春联一样，具有新春门户的装饰作用，并能概括出人们新年追求的主题。其实，人们对“福”的追求并非始于清朝，早在先秦时期就有了“五福”之说，《尚书·洪范》云：“五福，一曰寿，二曰富，三曰康宁，四曰修好德，五曰考终命。”人们把长寿、富裕、健康、做好事和终老而死看作是幸福的事，他们在一岁之始就强烈地表达这一热切追求，并以新年装饰的方式把自己内在的心理外化为吉祥的符号。

敬神祀先供纸马

南京人家旧有元旦在子初时分于中堂祭祀天地神的风俗，往往用茶水、发糕为供品，并于檐下焚纸马，放爆竹。（民国夏仁虎：《岁华忆语·元旦》）一些人家在腊月二十五日之后就开始祀祖祭神，并购纸马供于堂中，视之为神之凭依。关于南京的“纸马”，胡朴安解释说：“纸马系以红纸大张，上绘楼阁云霞之形，中坐神像，或财神，或玉皇，或关帝，或如来。”（胡朴安：《中华全国风俗志》下编《南京采风记》，河北人民出版社 1986 年版）

南京人家新年祭供纸马有专门的“纸马架”，据《金陵岁时记》载：

> 取红纸长约五尺，墨印财神、仙官或莲座等状，新年、立春供设厅堂。削木如牌坊形，高尺余，曰“纸马架”。

纸马自唐朝在我国出现以来，伴随着宗教民俗而广为流布，成为各地民间信仰活动中最常见的俗信物品。在长期的传承中，其名称也多种多样，除常用的“纸马”“甲马”之名外，在各地民间还形成了一些异同不一的俗称，诸如“楮马”“神马”“神纸”“神像”“马纸”等。

纸马上常印“楼阁云霞”，这个楼阁的名称为“龙楼”，表神的居处。所谓“龙楼”，原指太子之所居处或帝王宫阙。《汉书·成帝纪》有“太子出龙楼门，不敢绝驰道”之载。宋朝欧阳修《鹎鵊词》中则有：“龙楼凤阁郁峥嵘，深宫不闻更漏声”之句。“龙楼”还与太庙的祭祀活动相联系，唐朝《享太庙乐章》曰：“龙楼正启，鹤驾斯举。”龙楼的尊贵与神圣，使其进入了纸马的构图，从而营造出一个类似佛教石窟神龛的庄严而神圣的气氛。

南京作为历史文化深厚的六朝古都，纸马的印制和应用曾十分兴盛。在明朝形成的金陵派版画盛极一时，金陵刻书曾雄踞全国之首。明初金陵既有官方刻本，也有民间坊作，以三山街与太学前一带的富春堂、世德堂、广庆堂、文林阁、继志斋、万卷楼、大业堂、环翠堂、十竹斋、芥子园甥馆等最为著名。（王伯敏：《中国古代版画概观》，载《雕版印刷源流》，印刷工业出版社 1990 年版）富春堂印有《白蛇传》《白兔记》《搜神记》等书，万卷楼则刻有人物、民族、神话图像等。金陵刻书中多附木刻插图，唐寅、仇英、钱穀、王希尧、王少淮、陆寿柏、陆德清、王徵、汪耕、蔡冲寰、郑千里、钱贡、胡正言、柏文骢、高支、胡念翼、王赞、赵澄、刘源、顾云臣、顾士琦、潘锦等画家，都曾为金陵版画作过画稿。（周芜：《金陵古版画概述》，载《金陵古版画》，江苏美术出版社 1993 年版）金陵古版画中除了小说、戏剧、园景、人物外，还有不少道神和佛像，如富春堂刻印的《罗卜遇寒山买货》《观音点马赵温关》《三官奏玉皇》《西王母》《电神、风伯、雨师》《风神雪神降风雪》等，它们的图像与技法都影响了南京纸马的刻印，并使南京纸马的雕版艺术达到了他处颇难企及的高度。在十七世纪上半叶，套版印刷在南京达于极盛，并在国内最早采用了“饾板”和“拱花”的版印技术。所谓“饾板”，就是先将彩图勾描，分刻成数块或数十块用以表现原作的各种色彩及深浅浓淡，再逐色由浅入深地依次套印。“拱花”，即为凸印，就是将雕版加力压在纸上，使花纹凸起，以表现行云流水、花叶脉络等。（许亚洲：《南京版画影响了日本“浮世绘”》，《金陵晚报》2007 年 10 月 16 日）这对纸马的彩色套印当有一定的影响，并逐渐使纸马带上了年画的视觉效果。

《风神雪神降风雪》（金陵版画）

如今，纸马在南京城区虽难一见，但在南京高淳区、溧水区等地仍见传承。高淳、溧水两区的纸马基本为墨印的黑白图，尺幅相对较小，但图样古朴，与云南纸马颇为相近。关于南京纸马的品类，《金陵岁时记·纸马》载：

至中秋，则刻月宫太阴星君，祀灶则刻东厨司命星君，纸皆尚白。若遇喜寿事，则刻喜神、寿星。

可见，南京曾有财神、利市仙官、佛祖、太阴星君、东厨司命、喜神、寿星等诸种纸马。

在南京高淳现存的纸马品种有狗神、水神、游魂、消灾、城隍、土地正神、十殿阎王、腾蛇、甲马、直符、七杀、床公床母、斩鬼、娘娘、五方咒诅神君、司命灶君、草鞋、沙衣、青龙、白虎、朱雀、玄武、和合、财神、利市仙官等。高淳纸马虽为黑白图幅，但仍保留着明朝金陵版画的遗韵，具有较高的文化研究价值。

水神（高淳纸马）

直符（高淳纸马）

甲马（高淳纸马）

此外，南京溧水区的墨印纸马，与高淳纸马风格相近，但多用红、白纸刷印，其品种有：祠山、和合、张仙、替人、冥府十王殿、降福收瘟、顺风、桥梁等。

南京纸马与云南纸马具有同源的关系，南京纸马在明初传入云南后，使这一西南边陲成为中国纸马又一个重要的传承地之一。虽然目前纸马已在作为大都市的南京主城区消亡，但在高淳、溧水等区仍略见遗存。传自南京的云南纸马当今是云南省重要的非物质文化遗产项目。南京纸马与云南纸马相比，它们的共性至今仍比较突出：尺幅较小，基本为墨线黑白图，都以白纸印制为主，神祇体系较为怪诞，巫神占有较大的比例，等等。南京高淳的“甲马”至今在舞龙灯时还有人用以绑在腿上，信能

降福收瘟（溧水纸马）

张仙（溧水纸马）

因此疾走如飞，不知疲倦。

南京纸马既是新年节物，又是民俗艺术物品，具有主从分明、文图互映、统一变化、俗极而雅的基本特征。其艺术要素可归纳为：质朴与绚烂同在，审美与信仰统一，庄重与谐乐并存，图像与文字互映，传承与演化共进，写实与象征相容。

南京人家新年祭祖曾用一种独特的食品，名叫“饦锣”，作为影堂上的必供之物。饦锣系用面炕成，它为圆形中空之物，内放红糖，形似儿童用鞭子抽打的玩具陀螺而因此获名。这一南京独有的新年祭祖食品同南京城区的纸马一样已经消亡，现在我们只能从前人的记述中去加以了解和体味。

爆竹声中互拜年

正月初一一大早，南京城乡总闻爆竹声声，忽远忽近，这通爆竹被称作“开门炮仗”，是南京人家新岁首次开门的信号，寄托着“开门大吉”的愿望。南京人家一般比较节俭，新年的炮仗也不会多放，“天地响”（又叫“震天雷”或“二踢腿”）只放三个，叫作“三元及第”或“三星在户”，而小鞭炮仅放一百响，叫作“百子爆”，意取吉祥，又不奢靡。在数十年前，春节里没有人家会大放礼花，放鞭炮也不可能动则几千响。放鞭炮对广大市民来说，仅仅是作为风俗习惯，点到为止。只有一些个体商户重视新春的开门，为图吉利，他们燃放较多的黄纸炮仗，并尽量让炮仗炸碎的纸屑盖满店前的路面，以象征新岁“满地金钱”。

爆竹在古代是禳凶的镇物，燃放爆竹主要是为了驱鬼御凶，辟瘟逐疫。爆竹在人们的想象中成了春阳震发的信号，从而进入新年风俗。在“土气上升，草木萌动”之日，放爆竹也是为了“助生气”。在民间吉祥图案中常见的“竹报平安”题材，正是这种价值取向的表达。

元日上午在左邻右舍的爆竹声中，南京人家开始了拜年活动，由晚辈在家中先给直系的长辈拜年，早饭后各外出给先生、长辈亲戚和内兄弟等拜年。在高淳，初一上午先给外公外婆和舅父舅母拜年，有“三代不脱舅家门”之说，以舅家为大。拜年带的礼包有大斧包、四方包、菱角包数种，内放红枣、柿饼、酥糖、茶叶之类。（何裕仁、姜芳胜：《节日》，载《高淳风俗》2005年铅印本）

正月初二女婿给岳父拜年，女儿归宁探望父母。正月初三一般亲友间开始相互拜年走动，吃春酒，这类拜年活动按亲疏关系排定，可一直延续到正月底。

在南京，给长辈、师长拜年要带四件礼品，以取“事事如意”之意。拜年的礼品以糕点、果品、糖、烟酒、年糕、板鸭等为多，女婿给岳母的年礼必有桂圆、蜜枣之类，以致在南京流传着这样的谣谚：“儿子多，烧小锅；女儿多，桂圆、蜜枣顺手摸。”这“顺手摸”的桂圆、蜜枣就是指女婿拜年带来的礼品。接受人家年礼的，一般会留客吃饭，或赠予回礼，不能让拜年者空手返回。所回之礼不必与拜年者带来的年礼等值，往往是出于礼节，聊表情意而已。如果是差仆人来送年礼的，还要用红纸裹上几个小钱给仆人做谢金。

拜年者上门，主家要拿出预先准备好的茶盒招待客人。茶盒一般是较精致的漆盒，该盒分层分格，放置糕点、花生、瓜子、糖果之类，另有带糖霜的柿饼和大福橘，称作“百事大吉”。饮品有以白芹点盐，另加松子、胡桃仁、荸荠等用沸水冲泡的“茶泡”，有竹枝词云：“芹芽风味重江城，点入茶汤色更清，一嚼余香生齿颊，配将佳果祝长生。”此外，还有以青果（橄榄）泡的“元宝茶”，用莲子做的“莲子茶”，用鸡蛋做的“溏心蛋茶”等。在南京郊区有上三道茶的年中待客方式，即第一道糖茶，第二道鸡蛋茶（也叫“元宝茶”），第三道茶叶茶。若有新媳妇的家长来拜年，即接待亲家，必煨莲子，并用茶盘托出，叫作“献茶”。

欢喜团

南京人家给上门来的小孩除了花生、糖果，还有一样特色食品—“欢喜团”。所谓“欢喜团”，系用炒米和饴糖粘压成球状的香甜食品，小孩子们最爱，也可用来接待客人。在清朝袁崧生所作的新年竹枝词中，就有《咏欢喜团》（转引自《金陵岁时记·茶泡》）一首，其词云：

贺年客至肃衣冠，茗瀹清泉荐果盘，
更捧一瓯如雪白，为言欢喜又团圞。

可见，欢喜团是南京地区新年的吉祥食品。

小孩跟大人外出拜年往往收获多多，步默生《拜年拜年好话在前》（《金陵晚报》2006 年 1 月 29 日）中有首南京童谣说：

拜年拜年，好话在前；

洋糖一包，十三两五钱；
头一磕，有吃有喝；
手一伸，瓜子花生；
脚一翘，橘子香蕉；
要走要走，欢喜团到手；
多谢多谢，明年再会。

在南京，20 世纪 60 年代之前还有家家炒炒米或炸炒米的习俗。炒米的原料多为糯米，炒制的颗粒小，色黄，既香又脆，而炸制的炒米，色白粒大，绵软香甜，二者均用来加糖泡“炒米茶”款待上门拜年者。有一句南京谣谚说：“恭喜，恭喜，洋糖泡炒米”，就是这一拜年风俗的记录。在炒米的品种中，炒制的炒米价格略微贵些，过去在南京建康路附近的旧王府与润德里的交叉口，有一家专门代客炒米的店铺，生意红火，远近闻名。

南京人家接待拜年客人的过年食品还有福寿酥、鸡骨断（寸金糖）、马蹄糕（年糕）、大元宵等，清朝沈起凤《谐铎》载《江南好》词曰：“江南好，最好是新年，福寿酥并鸡骨断，欢喜团泡马蹄糕，油炸大元宵。”在 20 世纪 50 ~ 60 年代，南京还出现了叫作“四色糖”的拜年食品。所谓“四色糖”，即寸金糖、花生糖、浇切片、芝麻糖或酥糖。新年食品的丰富，表明了南京人家的好客，以及对拜年礼俗的重视。

迎春插花陈观果

南京人家有新春陈观果、供插花的风俗，以营造新年的喜庆气氛，表达对春天的呼唤和对美满生活的追求。正月，被古人看作是“百花萌动”的时节，《花历》说：“正月，瑞香烈，径草绿，百花萌动。”（转引自清朝汪灏等:《广群芳谱》卷2）此外,《礼记·月令》曰：孟春之月，“天气下降，地气上腾，天地和同，草木萌动。”可见，花草与月令密切相关。

南京人新年清供的观果有万年青、吉祥草、虎刺、天竹等，用作插花的有天竹、蜡梅、水仙等。有的人家还直接用水果和干果作摆饰，表达象征的吉祥祝愿。例如，把插着柏枝的柿饼，放在大橘之上，供于中堂和厅室，以寓意“百事大吉”。观果、插花一般陈放在中堂供桌、书房案头、茶几、窗台等处，过年时人们还常常在这些花草的枝干上箍上一道红纸或金纸，以增新年气象，并视作火红、富足的发家兆头。

用作新年观果和瓶花的花草，都被赋予了吉祥的意义，其名称往往就点画出设供的主题。诸如“万年青”“吉祥草”之类，其用在宅室，就有迎来“万年”“吉祥”的取义。虎刺，一名“伏牛花”，开花淡黄色，作穗似杏花而小。天竹，又叫“南天竹”，其枝叶纤雅，红果累累，成为“洪福”和“福星高照”的象征。南京人新年插天竹，要求枝干的叶子分布均匀，叶色要深绿，果实要大而鲜红，每瓶的红果要在40粒以上，每瓶插2～4枝，枝干长二尺以上，在大厅或店堂里天竹往往两瓶对摆，以显端庄大方。南京人过年选切花比较讲究：一是要团形花瓣，意为“团圆”；二要素心，意为“真心真意”；三要香气浓，意为“春天就要到来”；四要花朵开的口朝上，意为“不垂头丧气”；五要花色纯黄，意为“披金”。（王子冰:《老南京过年最喜庆的三种切花》，《南京晨报》2007年1月24日）因此，蜡梅有“金光满堂”、水仙花有“金盏银台”之称。

水仙在六朝时被称作“雅蒜”，此外，又谓之“天葱”，它适合瓶插，与梅花自然相接。

《广群芳谱》卷52引《学圃余疏》说：

水仙宜置瓶中，前接蜡梅，后接江梅，真岁寒友也。

作为岁寒之友的水仙，亦有其选作新年切花的文化逻辑。《三余帖》载：“和气旁薄，阴阳得理，则配玄荣于庭。配玄，即今水仙花也。一名俪兰，一曰女星，散为配玄。”水仙花的“和气旁薄，阴阳得理”，当为其作为宅室插花的要旨，有家室和睦、夫妻和顺、天人和通的象征意义，故《瓶花谱》有“水仙一品九命”之说。（《广群芳谱》卷52《水仙》）可见，南京人用水仙、蜡梅等做新年插花的风俗应超越“披金”“戴银”的简单追求，自有其深层的文化旨趣。

正月初五接财神

正月初五接财神的风俗在古代南京并不盛行，也许因为南京是崇文尚礼的都市，对追逐商业利润不屑一顾，也因为在南京士族云集，而在士农工商“四民”中，商人居末，故人们对财利不思亲近。近代以来，随着外乡人不断移民南京，财神信仰也逐渐带入并传开。

接财神、敬财神的风俗由商家推动，因正月初五是过去“开市”的日子。1920年《六合县续志稿》载：“初五为财神日，奉香敬礼。商家是日开市，饮众伙酒，谓之‘财神酒’。”

所谓“众伙酒”，受邀的伙计可留店再干一年，未受到邀请的，则意味着被辞退。

财神日有吃面条的习俗，因面条像串钱的绳子，叫“钱串子”，预示钱财多多。接财神的信号是爆竹，每年正月初五天刚放亮，城乡各处都可听到一阵阵爆竹声。一般商家都会在五更时分早早地打开店门，燃香点烛，供奉财神纸马，然后敲锣打鼓，燃放爆竹。也有些盼求发财的一般市民跟着商家敬财神，并形成抢早的风俗。他们往往天不亮就放起了接财神的鞭炮，叫作“接路头”或“抢路头”。

在接财活动中，“开张大吉”“黄金万两”“日进千乡宝，时招万里财”等依然是点题的吉语。人们除了对财神像敬香，还会在门上或店堂里贴上一些吉祥组合字的斗方，如“招财进宝”“日进斗金”“黄金万两”等。

人们对财富的敬羡，虚构出浩荡的财神队列，其中有武财神，又有文财神；有本土神，亦有外来神；有英雄神，亦有妖邪神，构成了中国民间诸神体系中的一个重要支系。

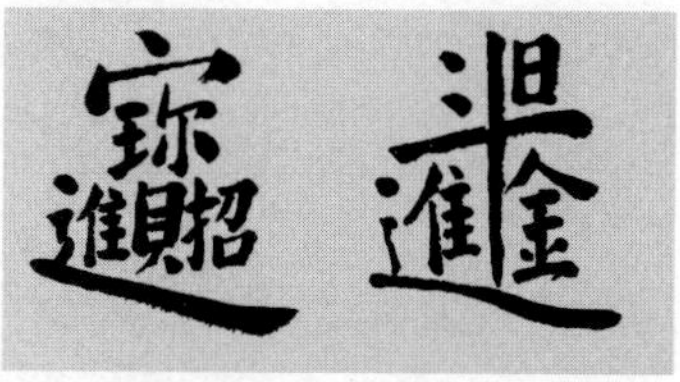
组合字

赵公元帅和五猖神的祭奉在南京较为普遍。赵公元帅多以纸马或中堂画的形式流布民间，而五猖神多以偶像形式在高淳乡野广受庙祀。

财神也形成了文、武两个系列。“文

赵公元帅

文财神

金微危财神

财神”有比干、范蠡，“武财神”除赵公明外，还有关公等。直到今日，我们在一些商店的厅堂里还能见到他们的身影。旧时人们在财神日要供鲤鱼、羊头，挂五色彩线或红布，贴招财利市的对联，供放纸元宝，甚至诣庙烧香，以求得财进宝。在高淳乡间，请财神时设供桌，桌上摆整猪（猪头加猪爪、猪尾）、整鱼、整鸡，放三双筷子、三只酒杯、三只茶杯，并燃香点烛，烧纸放炮。湖上船民敬玄坛菩萨，要先杀一只公鸡，将鸡血滴在船头上，并拔下几根鸡毛沾在鸡血上，然后在船头甲板上设供桌上祭。

在南京风俗中还有一“金微危日”，亦祀财神，并称是日“最徼福利”。金微危何许人也？已颇难考证。为何他亦能充任财神，也不得其详。在传承下来的无锡纸马中，有一“金危危”像，应当就是“金微危”。从图像看，金微危的装束像辽金时期人，当为北方的少数民族。他在南京、无锡一带成为财神，恐与金兵南下的历史有关，也与金国、金姓的“金”所引发的对金钱的联想有关。至于金微危是否也南下掠财而败北时随处弃扔，则不得而知了。南京人祭祀这一财神的现象，比较独特，值得探究。

元夕闹春观灯火

正月十五是元宵节，又称作“上元节”“元夕节”“灯节”，南京人还称它为“小年”，作为春节中的高潮，成为一个普天同庆、举国若狂的节日。是夕，万灯竞放，游人如织，锣鼓喧闹，火树银花，人们在户外尽兴赏玩，乐而忘寐。不仅都市里灯如星雨，灯棚处处，龙灯花鼓，应接不暇，乡村中也家家竖杆挂灯，田间孩童们烧火逗乐，野地里妇女们通宵走桥漫游。灯火点画出天人合一、国泰民安的盛世欢乐景象，寄托着人寿年丰、团圆和美的永恒心愿。

南京有三个灯节，其灯期为全国之最。南京的三个灯节分别在正月初八、正月十三和正月十五，它们又分别叫作“上灯日”、“试灯日”和“正灯日”。南京的放灯日期为：初八上灯，十八落灯，自明朝形成定制，一直沿袭到20世纪60年代前期。在清朝，南京还形成了三个灯市，分别在评事街、笪桥和夫子庙。灯期长，灯市多，是南京灯彩繁盛、冠于全国的重要之因。

南京元夕的观灯活动全国最盛。南京灯彩的品类繁多，从造型说，旧有三星灯、八仙灯、聚宝盆灯、皮球灯、西瓜灯、草虫灯、金鱼灯、虾灯、蟹灯、楼船灯、麒麟灯等，近代以来有狮子灯、蛤蟆灯、兔子灯、生肖灯、西瓜娃娃灯、荷花灯、菠萝灯、花篮灯、双球灯、小灯笼、飞

狮子灯

西瓜娃娃灯

机灯等。从用料说，有纸灯、料丝灯、明角灯、玻璃灯、琉璃灯、绢丝灯、羊皮灯，现代又有塑料灯等。从用法说，有提式的（蛤蟆灯等），有拖式的（兔子灯等），有举式的（狮子灯等），有推式的（双球灯等），有挂式的（宫灯等）。此外，南京灯市上还有走马灯、弹壁灯（猜谜用灯）等种类。

南京元夕的灯会古已有之，观灯是南京最突出的春节民间风俗活动。清朝时除了舞龙灯、踩高跷、舞蚌精、挑花篮、打莲湘、荡湖船之类的踩街风俗表演，还举办提灯会。

近 30 年来，秦淮区在夫子庙举办新春灯会，使南京的灯彩、灯市、灯会成为春节文化的“三绝”，其中元夕到夫子庙观灯的游人近几年竟达 50 万 ~ 60 万人之多。唐寅《元宵》诗云：“有灯无月不娱人，有月无灯不算春。”可见，灯对元夕闹春来说，是何等的重要！明朝永乐年间，元宵节之夜在南京皇宫午门外有点鳌山“万岁灯”的盛举。据《皇明通纪》载：“永乐十年正月元宵，上赐百官宴，听臣民赴午门外观鳌山三日。自是岁以为常。”这鳌山灯规模宏大，是用几万盏各式灯彩叠成的山形，中间用五色玉栅簇成“皇帝万岁”四字。据明朝《上元灯彩图》所绘，鳌山灯上有神兽、禽鸟、花卉、鱼虫家畜、瓜果等灯彩品类。（张宏、周安庆：《明代金陵〈上元灯彩图〉风俗画卷的文化解读》，《江苏地方志》2010 年第 1 期 ）灯盏点亮后，灯山光海，溢彩流光，美不胜收。为了让臣民观灯，明宣德四年（1429 年）正月曾宣布放节假 20 日。在明朝的《南都繁会图》上也绘有小型的鳌山灯，表现为民间风俗与宗教的融合。

上灯日是南京的儿童们最高兴的日子。晚上吃过元宵之后，他们纷纷点亮花灯里的蜡烛，先提灯在自家的门后、床下、橱边等暗处四处照照，叫作“照元宝”，以讨“堆金积玉”的吉兆。之后，他们便提灯出门，在自家附近的街巷巡游，边走边齐声高喊：“娃娃哎，出来玩灯喽！玩灯的娃娃出来喽！”或者喊：“娃娃哎，出来玩灯喽！不要你红，不要你绿，只要你一支红蜡烛！”孩子们听到玩灯的呼唤，一个个带着花灯走出家门加入玩灯的队列，他们的灯盏有提的，有举的，有拖的，一会儿就能聚集数十个孩童。

观灯图

《南都繁会图》上的小鳌山灯

南京有灯节母亲给新出嫁的女儿送灯的习俗，同时还送装有元宵诸食品的“灯节盒”。所送灯的品种多选“麒麟送子”灯，正如上元（今南京）人张汝南《江南好》词所说：“江南好，灯市一长条，玻璃盏宜供古佛，麒麟灯好送新娘，耍货趁排场。”母亲把麒麟灯送到女婿家后，女儿马上就灶前把灯烧掉，看其火焰的形状来判断自己今后生男生女。她们以火焰尖兆生男，火焰团兆生女。在农村，元夕有视蜡烛灯花所结的形状，判断何物当年丰收的游戏。可见，农民们也在元宵节的卜戏中寄托着丰足、美满的愿景。

猜灯谜是元宵节前后的游艺性活动，因谜面多贴灯盏上，所以此活动又叫作“猜灯”“春灯”。灯谜会，又称作“灯虎会”，人们把谜语比作拦路之虎，猜谜就是“打虎”，以增谐乐和雅趣。南京的灯谜以清朝同光年间最盛，曾涌现一批出谜的高手，其中周左麾、姚壁垣、郑季申、华金昆、孙云伯等最精于此，被称为“五虎”。（《金陵岁时记·灯谜》）在南京六合区，元夕前数日人们纷纷到十字街买灯，一时竟拥塞道路。从正月十三日起，家家张挂门灯，街上扎鳌山牌坊，并设灯谜，供人猜戏。灯彩品种有龙、虎、狮、豸等，到处鼓乐喧阗。姻戚间相互往来，并以元宵、酒果作为馈赠。（光绪六年〔1880年〕修《六合县志》）

伴随着元宵节的灯火，南京还有舞龙灯、跳马灯、打社火、打水浒、请紫姑（厕姑）、走三桥、放烟花、打十番、登游子山“晒霉”等游乐与俗信活动，人们通宵达旦，乐而忘寐，使元夕成为全城的狂欢节日。

正月十六上城头

正月十六上城头是南京的特色风俗，自明朝形成以来已有数百年的历史了。据《白下琐言》卷4载：

> 岁正月既望，城头游人如蚁，萧鼓爆竹之声远近相闻，谓之“走百病”，又云“踏太平”。聚宝、三山、石城、通济四门为尤盛。

可见，南京人正月十六上城头是为了走除百病，迎来太平，并选择聚宝、三山、石城、通济四门为登城处。其中，“聚宝门”就是当今的“中华门”，其他三门在数十年前已被拆除。人们登上城头，举目远眺，城内的街巷房舍和城外的河湖山岭均历历在目。由于上城头一般都带着妻子和孩子，因此，正月十六就成了南京人全家出游的快乐节日。

关于“走百病”的节物，南京文献中略有提及。《金陵琐志九种·炳烛里谈》卷中（南京出版社2008年版）载：

> 正月十六日，以棘刺穿玉黍作假花，执以上城，谓之“走百病”。

“以棘刺穿玉黍作假花”，就是在带刺的小树枝上插上玉米花，有的还染成红色，以模拟梅花绽放，作为探梅迎春的象征。

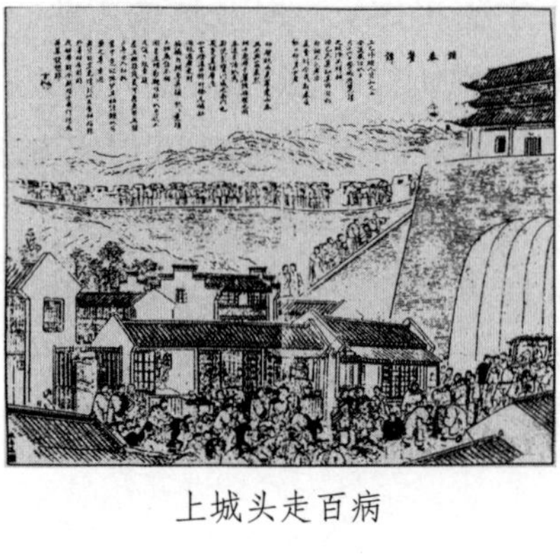

上城头走百病

此外，《金陵岁时记·走百病》载：

> 正月十六日登城，谓之“踏太平”，亦云“走百病”。石城、三山、聚宝、通济四门之上，锣鼓爆竹之声相续，道旁有煮豆作红色，焙蜀黍成花，缀棘刺上，以肖梅枝，或吹饴作榴实，

柿子缀之，游人必售一枝而归。

此说增加了煮豆和糖吹两种登城节物。另，民国夏仁虎亦有类似的记录，其《岁华忆语·走百病》云：

> 十六日，居人相率由东南城之老虎头石观音山以登南城，曰走百病，谓能免疾，与登高之意同。城上马道，亦市玩物，以棘枝上安红豆及炒米花，游人购之而归。

从这段记述可知，“煮豆”亦称作“红豆”，登南城的出发地是在老虎头石观音山，上城头的功能追求为“免疫”，购玩物的地点在“城上马道”。

其实，购买小吃、节物的不仅在城上马道，也在城下城门附近及市民们习惯的登城处，所买之物以儿童们的玩物为主。

南京的正月十六上城头的风俗是从乡村妇女的元夕“走三桥”演化而来的，作为农村习俗都市化的产物，它伴随着农民们大量迁入城区而逐步形成。也就是说，在明太祖定都南京时，把元朝南京的遗民大多迁往云贵等西部地区屯守，同时还大量地从安徽、浙江等周边地区调农民进城，使一大批乡村农民成为南京的新市民。他们带来了乡村风俗，其中有些不合“都市水土”的，不可避免地发生了形态或内涵的变异，而“走三桥”正是这样。

所谓“走三桥”，又叫“走桥”，是妇女们在元夕开展的游乐活动，她们往往七八个、十来个聚集在一起，在田野里通宵漫游，直到鸡叫天明方各归其家，在漫游的过程中她们要跨过三座或三座以上的桥梁，故有“走三桥”之称。清朝顾铁卿《清嘉录》卷1说：“元夕，妇女相率宵行，以却疾病，必历三桥而止，谓之‘走三桥’。”在城市里元夕正是火树银花的狂欢之夜，到处张灯结彩，龙灯花鼓，观灯的、闹春的不绝于途，万人空巷，尽兴游乐，通宵不寐。而在农村，儿童们在田头玩火把、放烧火，妇女们则愉快地在田野里随处漫游。明朝陆伸的《走三桥词》生动地描述了农妇们走桥时的心态：“细娘吩咐后庭鸡，不到天明莫浪啼。

走遍三桥灯已落，却嫌罗袜污春泥。”她们不让鸡啼，只盼夜长尽兴。

当农民们成批地进入南京这样的都城后，一方面还保持着传统的乡村情结和习惯，另一方面他们的风俗又不得不受到都市法规、礼教和城市生活的制约，发生了形态与功能的嬗变。拿“走三桥”来说，在南京的都市环境里行不通了，按礼教不能让妇女们离家在外通宵漫游，遂变成了第二天（即正月十六）上午由丈夫陪同，带上孩子，一起走桥。街市上走桥不便，便转换了空间，登上城头去走，使南京的几处多重城门的城头成了替代的去处。“上城头”与“走三桥”相比，风俗功能发生了很大的转变，只在“却病”方面保持着传承关系。

从“走三桥”变成“上城头”体现了南京人的智慧，他们能把城头看作是桥梁的象征真令人叹服。由于城门内外有护城河，它与河道又紧挨着，故城门洞就有如桥孔；又由于城门可供人出入，而城头上亦可走人和跑马，因此，城头就俨然是一座放大的立交桥！但在没有立体交通设施和“立交桥”概念的明朝，古人能视城头为“桥”，从而转换风俗活动的空间，使乡村风俗与都市风俗产生自然的整合，确实是文化传承中的突出案例。南京的“聚宝门”（今中华门）等城头处有城门三四道，登上一走，就等于走过了三座桥，能满足人们“走三桥”的愿望。所以南京的这一风俗叫“上城头”，而不是“上城墙”，就是因为只有城头才似桥。作为南京城墙资源在风俗传承与变迁中的奇妙应用，“上城头”的风俗不仅具有南京的地方特点，也影响其他地区，甚至在清末时已传播到河北吴桥等地。（《吴桥县志》光绪元年〔1875 年〕编修）由于正月十六日尚处落灯日（正月十八）之前，因此，“上城头”的活动亦归属南京的春节风俗系列。

二月二日龙抬头

夏历二月二日，俗谓之“龙抬头”。这一说法本出于对天文现象的观察。我国在战国后期至秦代已开始以二十八宿的星座体系来表示空间位置和判断季节。这二十八宿按东南西北的分区，各为七个星座，并冠以四神之名，它们是：

东方七宿（苍龙）：角、亢、氐、房、心、尾、箕；
南方七宿（朱雀）：井、鬼、柳、星、张、翼、轸；
西方七宿（白虎）：奎、娄、胃、昴、毕、觜、参；
北方七宿（玄武）：斗、牛、女、虚、危、室、壁。

其中，角、亢、氐、房、心、尾、箕七宿因呈现龙形，而冠名“苍龙”。在“苍龙”七宿之中的角宿，则有如龙角。每到夏历二月之后，在黄昏时分，“龙角星”就从东方地平线上升起，古人便称这为“龙抬头”。龙抬头了，意味着春天来了，雨水增多，于是春耕在大江南北就陆续开始。

南京人在“龙抬头”的日子里有“引龙”风俗，他们手抓草灰，从大门外一直撒入宅室，要绕水缸画圈，叫作“引龙回”，包含有风调雨顺的祈盼和灭虫除害的意味。这一天，妇女们不能动针线，说是怕刺伤龙眼；孩子们则多理发，叫“剃喜头”或“剃龙头”，以盼得龙神的护佑而健康平安、出人头地。这天，北方人吃龙鳞饼（煎饼）、龙耳朵（饺子）、龙须面等食品，以表拟龙亲龙，但在南京此风不盛。南京人喜欢在二月二日外出踏青春游，男人们会邀集朋友携酒登山，一同赏景野餐，因二月二旧时还有“踏青节”“花朝节”“挑菜节”等名称。南京人喜欢选择到郊外，他们或携酒登山，或挑采野菜，其亲近自然的情怀既朴实而又风雅。

二月二日是土地神诞日，南京有祭社的“土地会”活动。土地神，又称“福德正神”，俗称“土地菩萨”“土地老爷”“土地公公”，古

土地神

称“社神”。《公羊传》注云：“社者，土地之主也。”《孝经援神契》云：“社者，土地之神，能生五谷。”清朝翟灏《通俗编·神鬼》云：“今凡社神，俱呼土地。”古代官方有到社稷坛祭五土、五谷的春社和秋社的祭祀，民间则到当方土地庙进香致祭，以祈人口平安，农田丰收。在南京郊区，不少乡村在村头田边还筑有矮小的土地庙，作为亲土俗信的寄托。

在南京城区，旧时二月二日是出嫁了的女儿归宁的日子，有谚语说：“二月二，家家接女儿”；“二月二日龙抬头，家家接女诉冤仇”。女儿回娘家时，需娘家人去接回，回来后难免说些在夫家受到的欺负或委屈，通过父母的劝慰，化解了心结，当晚由丈夫带回，继续做安分勤苦的好媳妇。这一风俗已跳出了关注时令和生产的自然性质，在都市里已成为社会生活的一部分，表达出家庭与亲情的主题。

上巳祓禊荠菜花

夏历三月三日古称“上巳节”，又称“三巳”“重三”。是日妇女艳妆出游水滨，并下水沐浴，称作“祓禊”。祓，即祛除，而禊为洁意，所谓“祓禊”，即以水洗去污垢和疾疫。

南朝时期的禊事之盛与东晋开国皇帝司马睿的推动有关，他于永嘉元年（307年）曾到建康（今南京）的青溪、淮水之滨与民沐浴戏水，赢得江南士族的支持，后终成帝业。在东晋时期，建康（今南京）的祓禊活动一直盛行，故“流杯”的诗赋亦颇多。

祓禊风俗远传域外，特别是在琉球、日本亦有此俗。琉球三月三日行“流船礼”，即妇人乘舟下海漂流，男子在沙滩上宴饮伴候。日本最早的文献《古事记》记述了伊邪那岐大神在阿坡岐原举行祓禊仪式，他扔掉手杖、衣带、下裳、上衣、裤子、冠及手串而化成十二神。这则所谓《诸神的诞生》神话也透露出祓禊与生殖间的隐秘关联。当今西南少数民族的三月三泼水与赛歌一类的风俗活动也是祓禊的变异形态，但它已退去了敬神与祝殖的成分，而代之以男欢女乐的游戏情趣。

在南京，三月三日被称作“荠菜花生日”，其节俗一直存续到近现代。民国《首都志》卷13引《金陵杂志》曰：

> 三月三为荠菜花生日，妇女均摘荠花插于鬓边，以为纪念。谚云：“三月三，荠菜花，赛牡丹，女人不插无钱用，女人一插米满仓。”

可见，荠菜花是南京地区三月三上巳节的节物，也是旧时妇女们的岁时装饰。

荠菜因有清香药味，南京人用以驱除蚂蚁、蚊虫之类。他们在三月三日用带根带花的整棵荠菜拂灶、抹灶，或置于灶头，或挂在门上，或置于铺席之下，以驱除虫蚁。此外，民间还把荠茎晒干作灯杖之用，也意在退避蚊蛾。

水边探春

在药用方面，荠菜花能免头晕，因此成为妇女插头的装饰，同时这天南京人还吃荠菜花煮鸡蛋，说是可驱睡提神。乡村三月三日有“野菜会”，并以气象和节物作为农蚕丰收的征兆。《杂五行书》曰：“三月三日，天阴而无日，不见雨，蚕大善。”《师旷》曰：“某年一物先生，主一年之候: 荠先生，主丰。”直到民国，这种占验活动还存在于风俗活动中。

三月三日的祓禊活动本有乞孕求子的信仰功能，后演变成妇女到水边看柳探春的游乐风俗。妇人戴荠花、吃荠菜花煮鸡蛋，同水中争食红枣、素卵一样，也隐含乞子的取义。古人认为，不孕或只生女不生男也是一种疾病，故除下河水疗外，多子房而又有药杀之性的荠菜因暮春花盛、随地可得，便成为这一风俗追求的象征。可以说，荠菜花是点画上巳节主题的最好标志。这一最寻常不过的小花，承载着古代丽人们的祈愿与秘密，使三月三上巳节真正充满了烂漫而无尽的春光。

在近代，下水祓禊的风俗已自然消亡，在南京形成了到雨花台永宁泉品茗的风俗。由于“泉水清洌”，人们“往往谈笑竟日，看夕阳而归”（《岁华忆语·上巳》）。上巳节曲水流觞的文人雅会在民国时已向品茶谈笑的休闲娱乐演化，俗信成分的消亡使游乐成为南京三月三上巳节的风俗主题。

清明扫墓说节物

清明作为二十四节气之一，是根据地球绕太阳公转而测定的，在阳历的4月5日前后。

南京的清明节俗以扫墓为主要活动，一般由男人带上孩童到郊外祭扫祖墓，顺便在城外的水际和山坡踏青赏玩，寻挑野菜。此外，这天不少人家会吃青团和吃青螺，门上会插柳枝；儿童们放风筝、打秋千、斗鸡蛋；妇女们则会在鬓发间插上柳叶球作簪花；古代还曾有清明时节生新火，用柳叶、锅巴加红糖煮食等风俗。其中，儿童们还有“斗蛋”的清明节游戏。两个人各持一只整煮的熟蛋，同用蛋的大头或小头相互挤压，看谁的蛋壳破来决胜负。这一儿童的清明游戏有深层的文化隐义，它以蛋壳破表示小鸡破壳而出，生命开始复苏，同柳枝重新发芽一样，具有呼唤新生的意义。

南京人扫墓的地点过去多在南郊，各家要带上盛祭品的竹编“春笥”，笥分三四层，内放荤素菜肴、饭团、酒水、碗筷、杯盏等物，还要带上焚化用的纸钱、元宝，此外还要买一条用纸剪刻成的一长串带孔的钱形飘钱，长3尺左右，用以插在坟头。“飘钱”的颜色分红、白两种，新坟用白色，而老坟则用红色。扫墓中要拔除坟墓上和墓道上的杂树，填土修补坟上的洞穴，并用铁锹挖两块碗状的新土一正一反地倒扣在坟头做“坟帽”，作为已有后人来祭扫的记号。

此外，在坟头上要插上柳枝，以寄托对逝者再生的祝愿。在坟地扫墓人依辈分拜祭后，所有祭供的菜肴都照例送给照看墓地的“坟亲家”，同时还会另给现金若干，以作为守坟的谢金。南京人家普遍与乡野守墓人结成“坟亲”，并以礼相待，不像北方人视之为奴，体现了南京人厚德雅正的品格。有的人家在扫墓时还会带一刀生肉，在祖坟旁祭祀山神、土地，在他们心中祖先崇拜与自然崇拜本联系在一起。

当今南京人的扫墓方式已发生很大的变化：祭品以水果、糕点取代了酒饭、荤素，献物以鲜花取代了柳枝，行礼以鞠躬取代了磕头。同时，墓祭由单一的家族祭扫向社会、家庭、个人三个层面拓展，即增加了社会性的公祭和个人性的网祭等形式。拿南京来说，清明节祭扫雨花台烈士陵园，追祭侵华日军南京大屠杀中的遇难同胞，个人用微信、微博、网页等表达对亲友的悼念和追思等，改变了家族祖墓祭祀的单一形态。不过，南京人对扫墓依然十分重视，据 2014 年的统计，在清明小长假的三天中共有 135 万市民到郊外祭扫，其中仅清明节当天就多达 68 万人。（董婉愉：《今年清明节 135 万市民祭扫　墓碑前鲜见豪华“纸房子”》，《扬子晚报》2014 年 4 月 8 日）

在当代，墓制已发生了显著的变化，物质条件、信仰观念、人口增衍、风俗嬗变、殡葬法规、土地政策、社会舆论等，成为引导墓制走向的主要因素。在南京原郊区和郊县共辟有经营性公墓 15 个，公益性公墓 20 多个，就南京隐龙山墓园、普觉寺墓园等较大的墓园看，骨灰墓的形制已趋向了多样化，出现了“碑石型”“棺屋型”“纪念型”“艺术型”“集存型”等数类，同时，树葬、花葬、江葬等自然葬式受到了倡导。当今南京清明扫墓的风俗既有传承，又有变异，反映出时代的变迁。

岁时节俗往往以节物为符号表达其文化意义。清明的节物首推杨柳。柳在清明节俗中曾广泛应用，成为清明节中最富文化内涵与情感色彩的象征符号。

除了折柳插坟的习俗，清明时节旧有带柳还家、插柳于门、身戴柳枝、脚蹬柳屐、头簪柳叶等做法，在南京还曾流传着“清明不戴柳，死了变黄狗”的谣谚。柳不仅是报春的应时节物，其风俗应用更是内涵丰厚的社会文化现象。柳树的易生易活、早生早发的物种特点，成为大地回春、生命复苏、超越死亡、转世复活的象征，并被赋予了哲学的、宗教的和美学的意义。

清明节还有“插柳节”之称。人们带柳还家，插柳于门，因柳有“仙木”“鬼怖木”之谓，故用以驱邪辟鬼。《齐民要术》中有“取杨柳枝著户上，百鬼不入家”之载。宋朝吴自牧《梦粱录》则曰：“家家以柳条插于门上，名曰‘明眼’。”所谓“明眼”，即有“鬼怖”的效用。至于清明戴柳，女子于头上簪柳，男子则身上佩柳。在南京，无论大人、孩子均曾有清明佩柳的习俗。据明《正德江宁县志》载：“清明插柳，村夫稚子皆佩之。”其中，妇女所戴的柳往往做成柳球状，戴在鬓边。清朝诗人杨韫华有《山塘棹歌·插柳枝》言及清明妇女以柳插头之事：

清明一霎又今朝，
听得沿街卖柳条。
相约比邻诸姊妹，
一枝斜插绿云翘。

人们为何要在清明戴柳呢？民谣说：“戴个麦，活一百；戴个花，活百八；插根柳，活百九。”柳作为清明节物，成为护身延命的符号。至于“清明不戴柳，死了变黄狗”的谣谚，除了强调柳能护身的神能，还有道德训诫的成分，因不戴柳者，不仅漠视了自己的性命，更有忘祖不孝的意味。作为生命的礼赞和入世的祥物，可以说，柳在清明节俗中的一切应用，都演示了生生不息的文化象征意义。

清明节以青绿为节日色调，插柳、吃青团、吃青螺、踏青、挑野菜等风俗活动都烘托着这一万物明洁的颜色主题。“青团”作为节物与寒食的冷餐有关，它以糯米粉和粘米粉为基本原料，加油、糖，裹豆沙、芝麻糊搓制而成。青团又叫“艾团子”，系采集新生的艾草，捣汁染米粉成鲜嫩的青绿色而得名。青团在唐朝已有，并已形成寒食吃青团的风俗。白居易有诗云：“寒食青团店，春低杨柳枝。酒香留客在，莺语和人诗。”可见，那时已有专制售青团的店铺，“青团”与“柳枝”已同为寒食的节物。青团传入南京是在明朝，随苏杭一带的移民而传来。青团适合冷食，能点画节令色调，同时又甜绵可口，越来越受到南京人的青睐。在南京，除了自家制作外，糕团店、食品厂也应时制售，颇能烘托南京的清明气氛。

青螺也是清明节的节物，吃青螺又叫作“挑青”。因煮熟的整螺蛳需用针或牙签挑食，而螺蛳壳多泛绿色，故有“挑青”之说。清明时的螺蛳鲜嫩肥美，有“清明螺，赛肥鹅”的谚语。清明后的螺蛳因恐有蚂蟥等虫害寄生，南京人就不再吃它了。吃青螺，也是以“青”来点画清明的岁时特征。南京人在清明吃了螺蛳后，会扔几个螺蛳壳到自家房顶上，作为镇宅之物。早在商代，就有以螺蛳头辟恶气的做法。明朝顾起元《客座赘语》卷4载：辟恶气，“夏后氏以苇茭，商人以螺首，周人以桃为梗。”南京所在的东部地区本是商人的发祥之地，因此，以螺蛳为镇物，守护宅室的俗信观念还有所传承。此外，因“青螺”与“青龙”谐音，古人也以青螺作为“青龙”的象征。苏南竹枝词说：“好是风风雨雨天，清明时节闹桑田。青螺白虎刚祠罢，留得灰弓月样圆。”所说的“青螺白虎”就是喻指“青龙”和“白虎”。

挑野菜作为踏青活动的一部分，也以野菜的“青绿”贴合着清明节俗的主色调。南京人爱挑的野菜包括荠菜、马兰头、苜蓿头等，这些“野味”也能给南京人家带来浓浓的春意。至于风筝、秋千等物，以户外运动的方式，主要是给儿童们带来无尽的快乐。南京城南的儿童们放风筝主要在雨花台、中华门、白鹭洲等处，他们既有买来的风筝，又有自家动手糊制的，虽色彩、形制、精粗不一，但都使清明时节成了放松身心的游乐日子。

清明节以祭祖为中心、以青绿色为标志，其主题表现为缅怀先祖、亲近自然、热爱生活、拥抱春天，是一个联系着死灭与再生的、既肃穆又欢快的节日。

夏时风俗

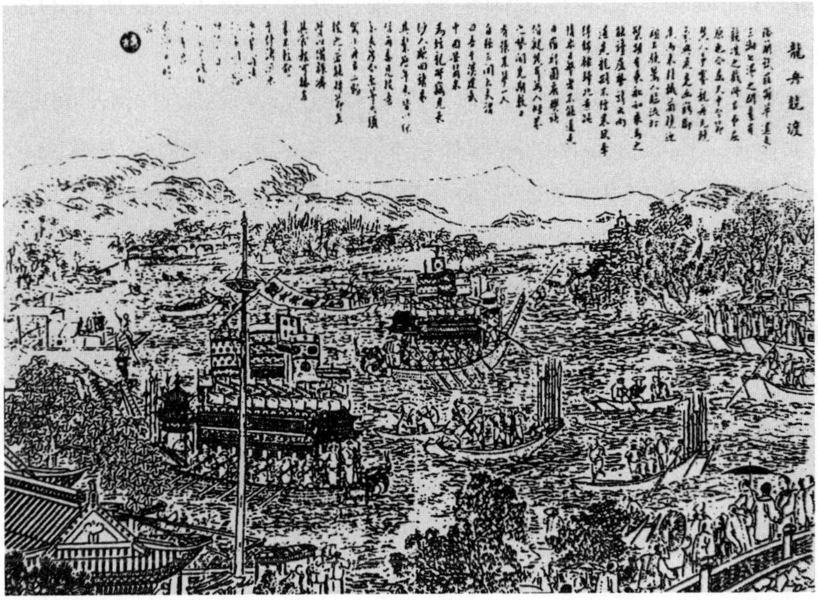

立夏时节尝新鲜

立夏作为二十四节气之一，在每年公历的5月6日前后，即夏历的四月初，因此有“四月节”之称。

夏天到了，太阳光照充足，白昼变长，庄稼逐步成熟，劳动强度加大，因而立夏吃补食便成为普遍的风俗。一般人家的“补食”，就是鸡蛋、鸭蛋、糍粑、糕饼之类。为了转换胃口，提高食欲，“吃补食”渐渐向“尝新”转化，到明朝已成为立夏时节的一项主要习俗。一些讲究的苏南人家要分别吃“地上三鲜”“树上三鲜”和“河中三鲜”，“地上三鲜”即苋菜、蚕豆、黄瓜；“树上三鲜”即樱桃、梅子、香椿头；“河中三鲜”即海蛳、河豚、鲥鱼。至于南京地区的“立夏尝三鲜”，主要指吃樱桃、青梅和鲥鱼。

樱桃，又称“含桃”“朱樱”等，其品种与名称甚多，其中产自东吴的“吴樱桃”最受推崇，白居易《吴樱桃》诗曰：“含桃最说出东吴，香色鲜浓气味殊。”南京人吃樱桃在孟夏之际，宋朝陈与义《樱桃》诗有“四月江南黄鸟肥，樱桃满市粲朝晖”之句，可见立夏所在的孟夏时节正值樱桃上市，樱桃自然便成为立夏的应时节物。

青梅，最适合在小满前品尝，《物类相感志》说：“青梅小满前嫩脆，过后则易黄。”立夏正是小满前的一个节气，此时青梅最为嫩脆。它虽仍然甘酸，但能生津开胃。青梅还能用来浸制梅酒，渍为果脯，是人们喜爱的特色食品。

鲥鱼，为海中鱼类，每年夏历四月后入长江淡水中产卵，因其在江中进出有时，故名“鲥鱼”。鲥鱼为名贵鲜美的鱼种，宋朝王安石《临川集·后元丰行》中有“鲥鱼出网蔽洲渚，荻笋肥甘胜牛乳”句，说的是用芦笋、鲥鱼熬汤，甜美胜过牛乳。

进入夏季，人们容易倦怠，食欲不振，体热气虚，逐渐消瘦，称作“疰夏”，尤其是儿童和年老体弱者，易让暑热伤气。为防治疰夏，南京有立夏吃豌豆糕、让小儿坐门槛的习俗。《金陵岁时记》云：“立夏，使小儿骑坐门槛，啖豌豆糕，谓之不疰夏。乡俗云，疰夏者，以夏令炎热，人多不思饮食，故先以此厌之。”所谓“厌”（读作 yā），就是“镇除”“辟克”之意。与他乡立夏不能坐门槛的禁忌相反，南京人让小儿坐门槛，有把孩子托付给门栏神之意，以让其对疰夏加以厌除，对小儿加以护卫。

立夏以后，农事渐忙，油菜、大麦快要登场，有“立夏三朝遍地锄”之说。在南京郊区则流传一些有关立夏的农谚，例如：“立夏十天连枷响”；“立夏起东风，大麦撞破钟”；“立夏起西风，大麦老在田里也要空”；“立夏起东风，大麦小麦好撞钟”；“立夏起西风，大麦小麦一场空”；“立夏起东南，老龙困深潭”；等等。（《中国民间文学集成·高淳县资料本》，1989 年铅印本）这些农谚反映了立夏节气与夏收间的内在关联。立夏节俗既表现在生活的层面，同时又体现在生产的层面。

夏至称人夏九九

夏至作为二十四节气之一，在每年公历的6月21日前后，以太阳到达黄经90度为“夏至点”。此日阳光几乎直射北回归线，北半球这一天的白昼是全年最长的一天，以后又渐渐缩短，到冬至再发生昼夜长度的回转。东汉班固《白虎通》有“夏节昼长，冬节夜长”之说，即指夏至和冬至是两个观测天象与时令变化的重要节点。

夏至过后，天气更加炎热，夏至后的第三个庚日起的30天为“三伏”，其中，夏至后的第三个庚日起的10天为“初伏”，第四个庚日起的10天为“中伏”，立秋后的第一个庚日起的10天为“末伏”。所谓“伏”，指夏至时阳气盛极而衰，阴气潜伏滋长。不过，这时却正值全年最热的时段。

在南京，有夏至“送夏”和“称人”的习俗。所谓“送夏”，指娘家给新嫁女送防暑物品，例如夏令衣服、芭蕉扇、折扇、宫扇及食物，并让女儿分给姑嫂，犒赏仆人。此外，妇女们自己动手做彩扇和粉脂囊相互馈赠，亦有送夏之意。至于“称人”，则用大秤称老者和小儿，以称小儿为主。此时人们穿衣较少，能称出准确的体重，同时，也是希望盛夏时节不会消瘦，保持体壮身健。

夏至和冬至一样，也是祭祖的日子。这天人们吃面条，有的地方也吃粽子，民间有“冬至馄饨夏至面”的谣谚。吃面条一方面是因为面条为“长生”“长寿”的象征，与这天白昼最长、阳气最盛相协调，具有长生祝福的意味；另一方面，以面条表示夏至过后白昼每天短一线，即以食物象征时令的变化，让无形的时间有形化。

自夏至始的81天被称作“夏九九”，自古以来就有多种“夏九九歌”在民间流传。宋朝周遵道《豹隐纪谈》所记录的“夏九九歌”云：

一九至二九，扇子不离手；
三九二十七，吃水如蜜汁；

四九三十六，争向路头宿；
五九四十五，树头秋叶舞；
六九五十四，乘凉不入寺；
七九六十三，夜眠寻被单；
八九七十二，单被添夹被；
九九八十一，家家打炭墼。

此外，在杨心佛《金陵十记》（古吴轩出版社 2003 年版）还记录有这样的“夏九九歌”：

夏至入头九，羽扇握在手；
二九一十八，脱冠著罗纱；
三九二十七，出门汗欲滴；
四九三十六，卷席露天宿；
五九四十五，炎秋似老虎；
六九五十四，乘凉进庙祠；
七九六十三，床头摸被单；
八九七十二，子夜寻夹被；
九九八十一，开柜拿棉衣。

古代还有夏至后至立秋期间逢四祭灶的传统，因夏至后炎热，乘势亲近与火相关的灶神。此外，还有夏至日吃李核仁能疗噎的说法。这些观念与习俗到近代即已改变。

四月八日吃乌饭

南京人及江浙一带人都有夏历四月八日吃乌饭的风俗传统。乌饭又叫“乌米饭”“乌米糕”“青精饭”“阿弥饭”“杨桐饭”等，是采集南天竹（青精树）或杨桐树的茎叶，捣烂后浸泡糯米，再晾干蒸煮而成。乌饭煮成后，乌黑发亮，清香扑鼻，人见人爱，更有强身健体、固精驻颜的食疗作用，因此被李时珍的《本草纲目》称作“仙家服食”。

关于乌饭的药用，杜甫诗云：“岂无青精饭，使我颜色好。”这令人童颜的原因，是因为乌饭能“资阳气”。宋朝陈元靓《岁时广记》引《零陵总记》云：“杨桐叶、细冬青，临水生者尤茂。居人遇寒食，采其叶染饭，色青而有光，食之资阳气，谓之杨桐饭。”此说除强调了“资阳气”外，还透露出，乌饭最初可能是寒食节用作冷食的食物。至于它后来作为四月初八的节物，乃因四月八日为佛诞日，佛寺用青精饭供佛，并用来招待诣庙进香的香客和施主。

乌饭还可用来酿制乌饭酒。在南京溧水，旧时生女儿的人家，要在女儿出生后用乌饭酿制一坛酒，并密封埋入地下，待女儿出嫁时方能掘出开启。经过十五六年以上的窖藏，乌饭酒醇香甘鲜，无与伦比。清朝文人袁枚曾做过溧水知县，他品尝乌饭酒，竟一连饮下十六杯，对之赞不绝口。袁枚在《随园食单》中列出了十种美酒，其中就有“溧阳乌饭酒”，并赞其曰：“其色黑，其味甘鲜，口不能言其妙。”乌饭酒为南京地区特有的佳酿和民俗用酒，具有较高的应用与开发的价值。目前，在南京江宁区有一块乌饭树园，近几年已培育出乌饭树苗四五万株，园主想从乌饭树中提取防腐成分，以应用到现代食品中去。

四月初八又称“浴佛日”，是释迦牟尼的生日。人们由到寺庙中与佛结缘，又增演为在路头、街边与行人结缘。僧人和妇女们用青豆、黄豆加盐炒熟，于四月八日站在十字街头分给路人请食，以结“佛缘”“寿缘”和“来生之缘”。这盐豆，又称作“结缘豆”，同乌饭一样，也成为带有宗教民俗意味的岁时节物。

仲夏时节话端午

夏历五月五日是传统节日端午节。端午，又称“重五”“端阳”“天中节”“龙船节”等，是我国夏季最盛大的节日。

南京的端午节俗历来颇为兴盛，在节物、节俗、节信等方面都有特色和内涵。尤其在游乐活动、端午食物、辟瘟习俗等方面，体现出重大节日的性质。

龙舟竞渡在古代多为倾城聚观的盛会，尤其在江南，每到端午，水边旌旗猎猎，金鼓震响，呼声若雷，舟行如飞，观者无不因之若狂。南京的端午龙舟会有“三帮”之分，并有“夺标”之戏。所谓“三帮”，指河帮、江帮和木帮。

“河帮”，为秦淮河上本地船户制作的龙舟；“江帮”，为外江入城的外地船户制作的龙舟；“木帮”，为常驻上新河的徽州木商们制作的龙舟。他们在端午时节聚集在夫子庙前的泮池内，进行三帮间的龙舟比赛。各帮都尽量装饰自己的龙舟，扎彩亭、彩球，舟上有小儿的装扮表演、有敲锣打鼓者、梢头撑杆者表演，场面壮观、热烈。秦淮河两岸及附近桥梁上往往人山人海，观者如蚁。他们助威呐喊，投掷银钱，还放鹅、鸭下河，让舟上人相互争抢，谓之“夺标”。不过，在清末南京秦淮河上的端午龙舟竞渡连连出事，光绪初年（1875 年）在水西门外某茶寮临河一轩，因人多倒塌，溺死无算。后在光绪三十年（1904 年），秦淮河文德桥上因观者人多拥挤，木栏杆倒塌，数十人溺毙，受伤者百人以上。南京歇后语“文德桥的栏杆——靠不住”，就由此产生。从此，端午节秦淮河的龙舟竞渡遭到禁废。

粽子作为端午节的特定节物，它本用以从龙舟上抛撒江河，诱龙出水，同时也是作为夏历五月五日这一特殊时令的象征。

粽子作为时令性美味食品很受南京人的喜爱。南京的粽子按原料分，有糯米粽子、糯小米粽子；按馅料分，有白米粽子、枣子粽子、火腿粽子、香肠粽子等；按形状分，有三角粽子、四角粽子、小脚粽子、宝塔粽子等。

粽子一般在端午节前一两天包好，节日当天煮食，亲友邻居们常以自家包的粽子相互赠送，以融洽感情。

在端午节，南京的男人们会相互邀约，携酒到雨花台赏景野餐。小孩和妇女们玩斗草游戏，一般用树叶的茎交叉后相互拉扯，以茎不断者为胜。明朝吴兆《秦淮斗草篇》中有“因娇丽日长安道，相戏相要斗芳草”句，说的是秦淮儿女的斗草之戏。

南京人端午节的食物和食俗还有五毒菜、雄黄豆、麻油绿豆糕、菖蒲酒、吃五黄、吃五红等。所谓“五毒菜”，即取银鱼、虾米、茭儿菜、韭菜、黑干五样杂炒而成。“雄黄豆”，用蚕豆和雄黄炒制。“麻油绿豆糕”，用绿豆粉、白棉糖、麻油、豆沙、糖玫瑰花、糕粉等做成，甘甜滋润，细腻爽口，为南京人家端午节必备的节物。“菖蒲酒”，用菖蒲根浸酒而成。李时珍《本草纲目》说：“菖蒲酒，治三十六风，一十二痹，通血脉，治骨痿，久服耳目聪明。”南京人家的“吃五黄”，包括黄鱼、黄瓜、黄鳝、鸭蛋、黄豆芽，高淳人家的“五黄”包括黄鳝、黄瓜、咸鸭蛋、雄黄酒、雄黄豆。至于“吃五红”，则指苋菜、红油鸭蛋、烤鸭、河虾和红烧黄鱼。

端午节南京人家有挂天师图、钟馗图的风俗，以斩除恶气。在高淳农家，至今还贴挂由道士们涂画的“端午符”。明朝时，南京人用彩帛、通草制五毒虫形状，盘缀在大艾叶上，插挂门上，叫作“五毒牌”。到清末人们改用纸折制虫形，挂门楣和床沿以驱虫。妇女们做香囊、佩朱砂囊、簪榴花，小儿臂系五色线，身被虎形“老虎被”，头上用雄黄画“王”字，以作除恶、长命的符号。

南京人在端午节还有一独特的风俗，就是“破火眼”，即防治红眼病。人们在端午的正午时分，在清水中放入少许雄黄和鹅眼钱两枚（六朝时的小铜钱），用野花束洗眼，全家人洗过后把水泼出门外，信能一年不生眼疾。

南京人家至今还有端午节门前挂菖蒲、艾叶的风俗，以菖蒲象征张天师的宝剑，以艾叶形似虎爪，表老虎守门，以镇除疫病。此外，南京人还会买菖蒲、艾叶、石榴花、兰花、石蜡红等花草插花瓶，叫作“端午景”，亦有把艾虎、独头蒜、小粽子、小龙舟、五毒背心、五色缕、

端午符（高淳）

挂菖蒲、艾叶的人家

端午香包等节物合称“端午景”。

端午旧有“不上屋”的禁忌，即不盖房子，不修屋顶，说上屋会使人“影蜕”，人没有影子了，也就活不成了。这一禁忌在南朝时很流行，它从“五”是“天地交会”的文化符号出发，认为五日没天没地，作为立地顶天象征的房子也就盖不起来。此外，有的人家有“躲午”之俗，即要在节前把小儿送到外婆家去，不留在自己家中，待节后再把他接回来，以躲过“毒日”。这其实是对远古用隔离的方式躲避瘟疫的民俗记忆，作为端午节俗，它增加了沟通亲情的积极意义。

六月六日晒衣物

夏历六月南京进入了最炎热的月份，但仍有一些富有时令特色的风俗活动，例如，在上旬就有六月三日“月亮头”上游船，六月四日的“荷花生日”放纸灯，六月六日的“晒衣节”晒衣物，等等。

南京人把六月三日以后称作“月亮头”，富人们纷纷登游船夜游秦淮河，以宴饮、听曲、纳凉为乐事。一些贫者无钱上船，就在月出之后徘徊于桥头和两岸，听船上不时飘出的笙歌，也玩至半夜方归。岸边的夜市小摊子都点着小纸灯，专卖老菱、熟藕之类，夫子庙一带热闹异常。暑月的秦淮游船，成为清朝金陵岁时行乐的符号。

南京人把六月四日认作“荷花生日”，而其他地方也有说“荷花生日”是在六月二十四日。《金陵杂志》载：“六月初四日为荷花生日，凡有池塘植荷者，以纸作灯燃之，放于中流，以为祝嘏。”这天人们除以放纸灯的方式给荷花神拜贺外，还到莲池赏荷。近代以来，南京人的赏荷地点主要在城西莫愁湖和城北玄武湖等处。至于荷神为谁，据说，男荷花神是南朝宋时人王俭，女荷花神是唐朝的晁采。（许亚洲：《“荷花之神”王俭是六朝南京人》，《南京晨报》2009年7月29日）在荷花生日，古人还有到荷花池中洗澡、戏水、采莲的风俗，既作避暑纳凉，又相互嬉戏逗乐。六朝民歌中有“江南可采莲，莲叶何田田。鱼戏莲叶间。鱼戏莲叶东，鱼戏莲叶西，鱼戏莲叶南，鱼戏莲叶北”的诗句，写的正是夏日江南以莲比兴、借莲传情的图景。

荷池戏水

六月六日为“晒衣节”，又叫作“曝书节”“晒经日”“天贶节”等。南京民间有“六月六，晒红绿”的谚语，晒衣是这天最重要的节俗。《正德江宁县志》载：“六月六日出筐箧服饰晒之。”每到这个时节，烈日当空，酷热难当，经过梅雨天气后的衣物需要曝晒，于是家家翻箱倒柜，把衣被等物拿出来晒晒。人们在自家庭院或门外拉上绳子，或铺下门板、竹床，把需收藏的衣物挂在绳上，放在板上，让它们见见阳光。读书人把书柜里的书籍抱了出来，寺庙中的僧人则捧出各种经书，他们时不时地在烈日下翻动书页，让全书晒透，因此南京方言中就有了“翻经”一词，后被大人用来斥责小孩们的不安分。

南京人还有在六月六日给猫、狗等宠物洗浴的风俗，有“六月六，狗溷浴”之说，俗信这天宠物洗了澡，晒了太阳，就不会生虼蚤、虱子。在六合，这天娘家人要给出嫁的女儿送食物。据光绪六年（1880年）修《六合县志》载：“六月六日……母家熟腊肘，市花红，以馈其女。”也就是说，在六合区人们煮腊肘，买花红（似小苹果），以肉食、水果馈赠自己的女儿，以表达娘家人的夏日关怀。可见，南京的夏日风俗自有生活的乐趣，并带有浓浓的温情。

六月十九观音棚

每年夏历六月十九日南京鸡鸣寺有朝山香会，其名称叫作“观音棚”。六月十九日传说是观音菩萨的成道日，这天在南京香火尤盛。鸡鸣寺因以供奉观音菩萨为主，因此，南京人又称它为“观音楼”或“观音山”。

鸡鸣寺坐落在鸡笼山（又称作“鸡鸣山”）上，山高海拔100多米，因其状如鸡笼，故得其名。鸡笼山位于南京的城中，它北临高大坚实的明城墙，城外就是烟波浩渺的玄武湖，而东面与覆舟山、紫金山等远近相望，南有进香河通往市区，西面则连接北极阁和鼓楼岗，是一个既便利又僻静的幽美所在。在六朝时期，鸡笼山一带曾是皇家苑囿“华林园”，建有景阳楼、朝日楼、夕月楼、临春楼、结绮楼、望仙楼等楼台，在梁武帝大通元年（527年）建立了同泰寺。同泰寺几兴几废，多次更名，到明初因山名而改建为“鸡鸣寺”。据《洪武京城图志》载：“鸡鸣寺在鸡鸣山，国朝新建，置宝公塔于寺后之山巅。”明以后，“鸡鸣寺”的名称便沿袭下来，直到今日。

鸡鸣寺因供奉观音菩萨，曾长期由僧尼住持，这在寺院中也是比较少见的。“菩萨”的意思是“觉有情”“道众生”，即协助佛普度众生，他们在佛国的地位仅次于佛。“观音”是“观世音”的略称，因避唐太宗李世民之讳而如此改称。“观世音”本为梵名Avalokiteśvara的意译，又称作“观自在”和“观音大士”，被信徒们看作是大慈大悲的恩主，有救苦救难、闻风而至的神通。观音有三十三身之说，其中，比丘尼身、长者妇女身、居士妇女身、宰官妇女身、婆罗门妇女身、童女身等为女性形象，传入中国，经汉化，在唐后定型为女性形象，尤为妇

六月十九的鸡鸣寺

女们所信仰。

南京鸡鸣寺六月十九日的“观音棚”，主要是妇女信徒们的进香活动。虽然二月十九日的观音诞辰和九月十九日观音的出家日也有进香活动，但均不若六月十九日香客满山，人堵于途。这天，妇女们换上整洁的衣裳，背着香袋，三五成群地从市内的各处赶来，到山下后虔诚者三步一叩首，缓缓拾级而上，直到观音阁前。香会当天，山上香烟缭绕，山道上人头攒动，山下路道两旁满是茶点和地摊。上山的香客们在进香后，或凭栏或登塔，以眺望玄武湖的粼粼波光和紫金山郁郁葱葱的山岭，有的则在豁蒙楼临窗坐下，尝一碗尼姑们所做的鲜美素面和面筋，无不心旷神怡。

山下的地摊上有各类物品在出售，吃的、玩的、用的，以香烛、佛像、药草、玩具、周边地区的土特产品为主。小家妇女们在下山返回时，总会买一把晒干的香草带回去，挂在屋里以驱蚊虫、改浊气，并给孩子们买个木制小喇叭之类的小玩具。木玩具上往往涂着花花绿绿的颜色，吹起来发出“呜——呜——”的声响，带有浓郁的乡土气息。此外，通常她们还会捎回几包安徽采石矶的特产——“太平茶干”，供全家人品尝。这样，进香、赏景、品尝、购物活动多样，满足了多重的功能需求，使六月十九日的“观音棚”突破了宗教信仰的氛围，成为妇女们夏日的风俗旅游活动。

秋时风俗

七夕乞巧女儿忙

夏历七月七日古称“七夕”“巧夕”，是夕妇女们祭祈河鼓、织女二星，以追慕天上织女的工巧和牛郎、织女一年一度鹊桥相会的恩爱，故又有“乞巧节”“女儿节”之称。

在南京，旧时妇女则截取一段蟋蟀草丢于盆中水上以乞巧。《金陵岁时记》载：

> 七夕前日，妇女取水一盂，曝烈日中，使水面起油皮，截蟋蟀草如针，泛之，勿令沉下。共观水影中，如珠、如伞、如箭、如笔等状，以验吉凶。

胡朴安在《中华全国风俗志》中的《南京采风记》里，也记录了南京妇女的浮草乞巧之俗。他写道：“乞巧之法，于初六日取净水一碗，置日中晒之，夜露一宵。初七日清晨，折细草，取浮水中，视其下所现之影形状如何，而有种种名称，或戥子，或算盘，或针，或如意，或必定（笔者按：笔和银锭），牵强附会，以占休咎。”这一乞巧卜戏在日影或月影下进行，一般以“散如花、动如云、细如线、粗如椎”为判别巧拙的标志。

除了浮针、浮草之戏，七夕节还有吃“巧果”、看巧云、陈针巧、编七色线、办“乞巧会”等妇女乞巧活动，另外还有看《天河配》的戏剧，贴《天河配》《鹊桥相会》图画的风俗。

“乞爱”“乞美”也是七夕风俗的重要主题。七月七日夜青年男女分别坐瓜藤下、葡萄架下悄悄偷听牛郎、织女的窃窃私语，以盼获取男女心心相印的恋爱秘密，当他们听到“嗞嗞嗞”“吵吵吵”的声响时，便认为听到了牛郎、织女间的情话，而得到了取悦异性的魔力。其实，那不过是小蜘蛛、小虫子在瓜叶上爬。

旧时七夕，有的妇女会在脸盆里放上野花，搁在屋檐上或庭院中承接露水，叫“接牛女泪”。第二天清早，她们就用盆中花瓣上的露水擦洗自己的眼睛，信能让自己像织女一样美貌。农村妇女则一起床，就跑到池塘边、小河旁，捧起一抔清水来洗脸，她们相信，池塘里、小河中有昨夜织女与牛郎相会时喜极而泣的泪水，用它洗脸自己也能变得花容月貌，赛似天孙。这类乞美活动使七夕节俗变得更加多彩多趣。

南京的女孩在七夕节有染红指甲的传统，直到20世纪50年代这一风俗还在传承。她们采来凤仙花，捣碎后加上明矾，用来涂抹自己的和小姊妹们的指甲，就能让指甲变得红艳艳的，而且既不掉色，又无污染。

此外，乞子、乞寿、乞年、乞富等，作为星辰崇拜的泛化，也是对七夕乞巧、乞爱主题的烘托。中古时期，七夕节购买“化生小儿”摩睺罗的瓷枕或泥偶之类，在江南一带颇为普遍。南京人在七夕祭中，镂瓜茄为灯的风俗尤为独特。据《岁华忆语》载：“或状花鸟，或镌诗句”，既风雅，又多趣。在七夕的星光月影之下，各家祭台前闪闪烁烁的瓜灯、茄灯，总能给人们带来无尽的天文遐想和入世的人文关爱。

祭祖斋孤七月半

夏历七月十五日，俗称“七月半”，又称“中元节”“鬼节”，是一个斋孤、祭先的日子。其风俗活动包括来自道教系统的普度和来自佛教系统的盂兰盆会，它们往往又相互包容，融合一体。

在南京，中元斋孤常被视为一年中的大事，届时大街小巷，无处不做盂兰盆会。据杨心佛《金陵十记》载，中元节前，街坊上会贴出用黄纸写成的“黄榜”，要居民们捐款助会。他们在街中心搭起高台，上排方桌，供列佛像法事，上坐念经的和尚。临街一面挂上桌帏，案上焚香燃烛，和尚们敲木鱼、击铜磬，齐声唱经。临近尾声时，上座老和尚起立托盂，以手指蘸盂内清水四面弹射，以示施降甘露，普度众生。在同一条街上，常常有三四座高台并峙，和尚们一处完了，再赶一处，一晚上赶好几台焰口。由于太忙，和尚们便临时拉人充数，因此，南京有“七月半，烧锅的和尚也上台”的俗话。七月半的盂兰盆会各地区争奇斗胜，往往花样翻新，少男艳女纷纷出游，还有唱白局的，卖夜宵的，到处灯火辉煌，人流不绝。（杨心佛：《金陵十记》下册《盂兰会》，古吴轩出版社 2003 年版）

南京旧时中元节也是祭祖的日子，家家设供，焚法船、纸鞋、纸伞，说是祖先之魂要出游。关于“法船”，《首都志》卷 13《礼俗·岁时习俗》引《金陵赋注》云：

> 中元糊纸为舟，中为地藏像，舱两偏像两庑，是为十殿阎罗，船外则列阴官冥卒，谓之法船，于旷野焚之。

这“法船”纸扎成为水陆道场中的重要法具。南京中元节的“茄饼”也是独特的祭祖食品，它是把茄子切成丝，和面油煎而成，为他省所罕见之物。《金陵岁时记》引《陶庐续忆》诗云：“茄饼家家设祭筵，盂兰盆会太喧阗。怪他一路金银纸，未结人缘结鬼缘。”可见，茄饼是南京中元节最普遍又突出的节物。此外，夜来香也是南京人的中元节物，过去南京人还专程到清凉山驻马坡购买夜来香，带回家后供妇女插头做饰物。

每年七月半的晚上，总有不少人家在路边、墙角处焚烧纸钱祭祖、斋孤，至今犹偶有所见。南京民间有“七月半，鬼乱窜”的俗谚，旧时大人们往往提醒孩子们这天要早点归家，晚上不要外出玩耍。

南京人在七月半还有放荷花灯的习俗，荷花灯系剪五色纸糊成，形似莲花，虽没有春节时的灯彩精致，但也可点上小烛，在水面夜色中闪烁发光。荷花灯用荷叶托着，请僧人诵经，乘舟到河中放掉，俗称“斋河孤”，又叫“慈航普度”。“荷花灯”作为南京中元斋孤的节物，在宗教与民俗信仰中，被赋予了照明、引路的功用。

七月三十地藏棚

七月底南京清凉山的进香庙会称作“地藏棚”。清凉山原名“石头山”，因山腰有清凉寺而得名。关于“清凉寺”，马元烈《南都揽胜记》说：“清凉寺，宋清凉广惠禅寺也。在杨吴时为兴国寺，南唐升元初，改为石头清凉寺，后主时复改清凉大道场。寺位清凉山半腰，寺门红墙，掩映绿树丛筱间，饶有画意。”

在南京清凉寺的大殿里，四面皆塑有佛像，被称作“四面佛”，这是其他寺庙所没有的格局。大殿中供奉着地藏菩萨的画像，两旁配祀的是十殿阎罗，殿内高悬九连灯，灯盏紧密相连，累如贯珠。此外，清凉山东北山岗上的云巢庵，相传为地藏王肉身坐禅处，每年七月下旬香火尤盛。

有说，夏历七月三十日为地藏菩萨诞辰，清凉山的地藏王殿从夏历七月二十八日子时开山门，至夏历七月三十日夜关山门，这期间香客云集，热闹异常，周围的龙蟠里、虎踞关一带摊贩延绵数里，人山人海。旧时每年都有半夜上山者，以抢烧头炷香。清凉山的特色小吃要数山上的麻油素面和在扫叶楼喝香茶用的卤干，上山者亦多有品尝。“地藏棚”实际上也是香会和香市的别称，香市不仅售卖香烛、纸钱，也有茶水、小吃、果品、玩具、土特产品等。

在清凉寺进香之后，有“回香得福”的俗信，即要带一些“地藏棚”的纪念品回去，分赠亲友，以让他们也获佛佑，当然，也会给小孩子们买点吃食或玩具。摊点上出售的物品，据杨心佛《金陵十记》说，有竹筷、饭碗、股香、竹编儿童玩具，以及板栗、老北瓜等。此外，《金陵待征录》还说，地藏棚期间有售毛栗和山楂果的，山楂果用线串成一串，就像牟尼珠一般，游人们往往争购而归。

南京的夏历七月三十日，可说是以地藏菩萨为信仰中心的又一个宗教民俗节日。

中秋赏月月饼香

夏历八月十五日是中国传统的中秋节。中秋节又叫作“仲秋”“夕月”“秋夕”，还称作“团圆节”“月饼节”“八月半”，在老南京市民们的口头则多有“八月节”的俗称。中秋时节天高气爽，月朗风清，故又有“中秋佳节”之称。所谓“月到中秋分外明”“一年明月今宵多”，是对中秋景致的最好概括。

南京的中秋节俗主要有祭月、玩月、摸秋等。

古有“祭日祭月不宜迟，仲春仲秋刚适时”之说。中秋拜月是天体信仰的岁时化和仪式化。旧时祭拜月亮，或祈月圆人圆，或祈多生多育，或求早步蟾宫，高攀仙桂。因月为太阴，是妇女的保护神，故拜月有“先女后男”之序，亦有“男不拜月，女不祭灶”的禁忌。

南京人中秋拜月一般在室外摆台设供，对天祭拜，或者请回月神纸马——“月宫纸”，供放自家中堂上，祭拜前要烧斗香或塔香，摆放瓜果、月饼作为供品。所谓“斗香”，是把线香捆扎起来，形似宝塔或玲珑楼阁状，其最上一炷加一个纸斗而做成，可燃一天一夜以上。供案上陈放的果蔬食品，大多有特定的象征意义，例如：芋头（相遇）、红菱（洪福）、莲藕（相怜）、石榴（多子）、毛豆（喂玉兔）、月饼（团圆），以及栗子、柿子、鸡头果等。拜月时一般由妇女们依次跪拜，默默诉说心中的祈愿，不外乎“愿月常圆”“早生贵子”“合家平安”之类。

月光菩萨纸

中秋拜月

南京人有玩月的传统，早在中秋节没有正式形成之前，就有秋日玩月、赏月的佳话。东晋时“牛渚玩月”故事的发生地在今安徽当涂采石矶，属汉朝秣陵（今南京）辖区，谢尚、袁宏二人江上泛舟，赏月咏诗之兴为后人所效仿，成为六朝以来的建康（今南京）风俗。北宋中秋节形成之后，有登台望月、登楼玩月、临轩玩月、泛舟赏月、饮酒对月等赏乐活动，南京人把中秋夜家人团坐聚饮叫作“圆月”，把出游街市叫作“走月”，把全家共同赏月叫作“庆团圆”。南京在明朝时建有望月楼、玩月桥，清朝时则建有朝月楼，其中建筑在秦淮河南的玩月桥每年赏月者络绎不绝。

“摸秋”是南京地区较独特的中秋节俗，作为妇女的风俗活动，它以乞子求孕为主题。据《金陵琐志九种·炳烛里谈》卷上载：“江南妇女艰于子嗣者，每于中秋月夜潜至菜园，摘一瓜回，以为宜男之兆，谓之摸秋。”另，光绪六年（1880年）修《六合县志》载：“（中秋）乡村愚妇有夜分私取园瓜，谓之摸秋，以兆生子。”此外，《金陵岁时记》载：“金陵俗，中秋月夜，妇女有摸秋之戏。尝往茉莉园，以得瓜、豆为宜男。”瓜为多子果实，秋日瓜熟子成，瓜瓞绵绵，通过交感巫术的作用，信能感应得子。以偷的方式进行是为了表现风俗仪式的神秘性，而选取八月十五日，意在得到月神的护佑，以月圆兆人圆和愿圆。

南京的中秋节物主要有月饼、桂花等，其中以月饼为必不可少的节日标志。

南京地产的“宁式月饼”很有名声，包括曾作为清朝贡品的六合瓜埠的“赖月饼”、金陵椒酥月饼、五仁月饼、椒盐月饼等。

其中，六合的“赖月饼”最为著名。瓜埠赖月饼已有数百年的历史，蜚声国内外，其由来与乾隆皇帝下江南的传说联系在一起。当年乾隆下江南时曾下榻于瓜埠山寺院，时值中秋，寺院住持和尚“赖月”，亲自精制糖饼献给乾隆皇帝品尝，乾隆尝后赞不绝口，称“此有月中之香也”。为

月神

表其功，即以“赖月”法号命名该饼。从此，“赖月饼”被列为南京的贡品。光绪年间，瓜埠街上有倪公和李森元两家茶食店生产赖月饼，其制作工艺经继承、发展，传习至今。六合“赖月饼”，型大，直径 20 厘米左右，每块重 0.5 公斤，以麻油、特级面粉为主料，配以白绵糖、五仁、桂花、果汁等 10 余种佐料精制而成，外形美观，酥软不腻，香雅味醇，为月饼中的佼佼者。（南京食品工业协会编：《南京传统食品·瓜埠赖月饼》，1988 年铅印资料本）

金陵椒酥月饼也是南京的优质名特产品。它以富强粉、白绵糖、麻油、去皮麻屑、熟面、松仁、玫瑰花、金橘饼等为原料，经制皮、擦酥、制馅、包酥、宝馅、装盘、烘烤等工序而制成，具有平整圆满、金黄油润、松酥爽口、麻香味浓、酥皮层次分明等特征。（《南京传统食品·翠芽牌金陵椒酥月饼》）

月饼是社交的礼品，拜月的供品，也是节日的食品。南京人有中秋节早上和夜晚吃月饼的习惯，此外，还重视中秋节的晚餐，喜欢吃桂花鸭，饮桂花酒，吃芋苗、芋头和熟藕，主要菜肴有栗子红烧肉、毛豆米子炒鸡丁等，有的人家还会吃湖蟹。中秋晚餐也是全家团坐、其乐融融的盛宴和聚会，在人们心目中的地位几乎与年夜饭相当。

重阳登高菊花酒

九月初九是我国传统节日中又一个事象繁多、内蕴丰厚的民俗庆节。登高、赏菊、插茱萸、饮菊花酒、食重阳糕等风俗曾传承于大江南北，也是南京地区最习见的重阳节俗。

九月九日之谓“重阳”，乃因《易经》筮法中以一、三、五、七、九为天数，即阳数；二、四、六、八、十为地数，即阴数。其中“九”，又称“老阳”。九月九日因其月份、日数均为“九”，故称“重阳”，又叫“重九”。

南京人有重阳登高的传统，登高之处颇多，包括城南雨花台、城中北极阁、城北幕府山、东郊栖霞山等处，其中尤以选择雨花台者为多。北极阁，明朝叫“钦天山”，山后花农多以种菊为业，重阳时节菊田紫艳黄英，陇亩相望，游人登高后顺便赏菊，并多选购菊花而归。南京的这一重阳节俗叫作“后山看菊”。由于登高与赏菊往往联系在一起，因此，晋朝周处《风土记》称人们在重阳的相会为“登高会”或“菊花会”。在雨花台登山者，还往往用雨花泉水泡茶，吃桂花煮栗子，归来时购买一些雨花石，准备冬日养水仙时搁置盆中作为观赏。

南京地区有“重阳宜雨”之说，有俗谚谓“重阳无雨盼十三，十三无雨一冬干”，因冬麦无雨，不能下种，会闹春荒。此外，重阳前后，风雨满城，天气转寒，故又有“吃了重阳糕，夏衣就打包”的谚语。旧时南京的商铺店家在重阳节要备酒剥蟹，佐以咸鸭，犒赏店伙，因重阳之后，白昼渐短，工人要开始夜作，直到清明而罢。明清以来，南京的机业发达，工人众多，故有“织工一夜登高酒，篝火鸣机夜作忙”的诗咏。

重阳节的主要节物有茱萸、菊花酒、重阳糕、重阳旗等。

插茱萸是南京的重阳古俗。晋朝周处《风土记》载：“九月九日……俗尚此日，折茱萸房以插头，言辟除恶气而御初寒。”此说重阳节的茱萸可作为除恶御寒的护身镇物。另，晋朝葛洪《西京杂记》也载：“九月九日，佩茱萸，食蓬饵，饮菊花酒，令人长寿。”这“令人长寿”的茱萸又成为特殊的时令性吉物。

茱萸属芸香科，秋天所结的子房类果实具有浓烈的香气，并作为“辟邪翁”，具有药用的“杀”气。古人因此视之为益寿除患的“嘉木”。菊花酒也是重阳节的象征节物。宋朝吴自牧《梦粱录》卷5载：

今世人以菊花、茱萸浮于酒饮之，盖茱萸名“辟邪翁”，菊花为“延寿客”。

菊花酒作为“延寿”之酒，其制法在《西京杂记》中见有著录：“菊花舒时，并采茎叶，杂黍米酿之，至来年九月九日始熟，就饮焉，故谓之菊花酒。”俗信九月九日的菊花酒能“辅体延年”，魏文帝《九日与钟繇书》曾释曰：

至于芳菊，纷然独荣，非夫含乾坤之纯和，体芬芳之淑气，孰能如此？

此言菊花能和乾坤、通阴阳，故可益寿延年。楚辞中有“朝饮木兰之坠露兮，夕餐秋菊之落英”句，在神话幻想中，菊花是永生不死的神们的食物。汉朝以后出现菊能益寿的传说，并带上了仙道方术之气。《艺术类聚》卷81《神仙传》曰：“康风子，服甘菊花、柏实散得仙。”《艺术类聚》卷81《抱朴子》说刘生丹法，用白菊花汁等，“服一年，寿五百岁”。这些说法均出于对菊能“辅体延年”的夸张。

菊花酒成为重阳节物，一则如《礼记》所言“季秋之月，菊有黄花”，另则也有文化理解的因素，如《尔雅图赞》所称：“菊名日精。”“日精”正与“重阳”呼应，指菊花为太阳的精魂和象征，这一文化理解正是菊花成为重阳岁时节物的潜在意义。南京人喜欢在重阳节去赏菊、买菊，除了时令节物的因素，也有其文化象征意义的推动。

重阳糕、重阳旗也是古传的重阳节物，在南京，直到二十世纪五六十年代还普遍传承，如今偶或可见。重阳糕又称“蓬饵”“饵馇”“五色糕”“花糕”“菊糕”等，其制法因时因地而异。晋朝干宝说：“豆末屑米而蒸之，以枣豆之味。”到宋朝，重阳糕配料考究，并插有小旗，其节日气息更浓。北宋的《东京梦华录》载：“（重九）前一二日，各以粉面蒸糕遗送，上插剪彩小旗，掺饤果实，如石榴子、栗子黄、银杏、松子肉之类。”与北宋多用果料不同，南宋的重阳糕似乎改素为荤，如《梦粱录》所载：“以糖面蒸糕，上以猪羊肉、鸭子为丝簇饤，插小彩旗，名曰重阳糕。”重阳糕有做成九层的，上做两只小羊，以点画时节为“重阳”。在重阳，南京还有一种加肉糜制作的咸糕，以其形似骆驼的足蹄而称之为“骆驼蹄”，也是重阳糕的一种。

重阳旗多为红纸剪刻的三角旗，上镂“令”字、“八仙过海”、“刘海戏金蟾”及一些吉祥图案。南京人用重阳旗插在自家门楣上，或给小儿做玩具，称作“庆贺重阳”。对当年的新嫁女，母家必赠以纸旗和时鲜食物，谓之“重阳节盒”。重阳旗成为这一节日的装饰和征物。

重阳节为何食糕？一为尝新，如《玉烛宝典》所说：“其时黍秫并收，以因黏米嘉味，触类尝新，遂成积习。”二为讨吉，如明朝谢肇淛《五杂俎》所载：“九日天明时，以片糕搭儿女头额，更祝曰：‘愿儿百事俱高。’此古人九日作糕之意。”三为供祖，即逢节不忘祖恩。

重阳糕在名称上变“饵”为“糕”，透露出谐音的利用：以糕喻“高”，既与重阳诸俗谐同，又含顺达升腾的吉祥取意。

南京的重阳节俗均以“阳”为内核，借助时令与数字的神秘观念表达热爱生命、热爱生活、关注生产的乐观情怀。

冬时风俗

十月初一送寒衣

夏历十月初一被称作"十月朔"或"十月朝",同清明节、七月半一样,是南京人家祭祖祀先的日子。此日一般人家先到墓地祭扫,再到祠堂或自家门外祭祀,官方则到厉坛对战死者致祭。祭祀以烧楮箔和纸衣为主,因十月已是孟冬,天气渐寒,故此时的祭祖活动又叫作"送寒衣",于是"十月朔"又有了"烧衣节"和"寒衣节"之称。

所谓"寒衣",是由五色彩纸剪贴而成,大小一般在一尺左右。过去,富豪人家专请冥衣铺糊制"皮袄""皮裤"之类,在南京高淳则多用"沙衣""草鞋"一类的版印祭品和纸钱祭焚。对于新丧者,不能用纸彩衣,只送白衣。“送寒衣”的风俗在宋朝已十分盛行，当时在东京汴梁的城内外，从九月下旬起人们就购买冥衣、靴鞋、席帽、衣缎之类，备十月朔烧献祖先之用。此俗到清朝依然流行。

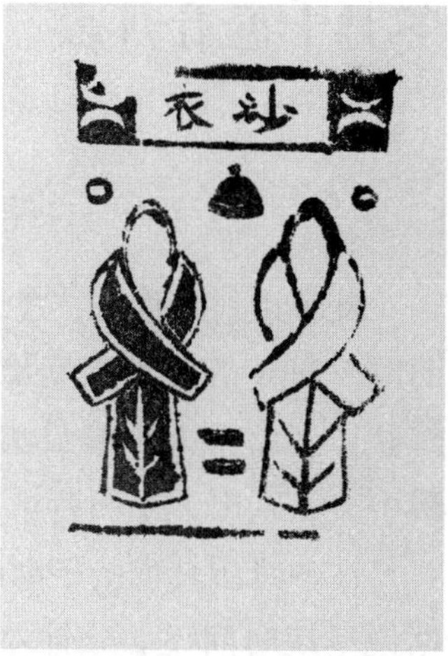

沙衣（高淳）

在南京，明清以来，十月朔除了烧钱化纸，还有开炉炽炭和城隍出巡等风俗活动。据《正德江宁县志》载：“十月朔……开炉炽炭。”也就是说，进入冬季的第一天，南京就开始生炉子烤火了。或者说，“开炉炽炭”是南京入冬的象征符号。

关于城隍出巡之事，《金陵杂志》载：“（十月）初一日谓之十月朝，府城隍出巡，俗传可以消灾增福。”府城隍庙坐落在府西街江宁府的对面，民国之前，凡清明、中元及十月朔都有城隍神出巡的庙会活动。潘宗鼎《金陵岁时记·十月朝》记录了城隍出巡的情状：

> 鼓乐前导，仪仗咸备，龙舟、凤辇、羽盖、香舆、灯伞之属，络绎于道。首为“当今皇帝万岁”牌位之亭，次则财神，次则善报司，次则恶报司，至是为城隍神，最后为城隍神后。所可嗤者，愚夫、愚妇服赭衣、青衣，身被锁枷，随驾出游，谓之罪人。自以生前发愿列入罪犯，冀死后宥其冥罚，故尔为此。其解犯人之差，名曰“小解”，涂饰面目，状如演剧之丑，沿途戏弄，以博嬉笑。

这一城隍出巡的活动记录甚详，但因含有迷信的成分在民国时已遭禁废。南京的府城隍庙在1958年被最后砸毁，原址改建为南京搪瓷厂，至此十月朔的宗教风俗渐被遗忘。不过，南京人十月初一在门外烧纸祭祖的做法，至今还略有所见。

冬月十五看月影

夏历十一月称作“冬月”，而冬月的望日在南京又称作“月当头”。旧时，每年的此日在秦淮一带，画舫酒楼灯火竟夕，与当空的皓月交相辉映。各路游人纷纷云集夫子庙文德桥，以观水中的月影，等候月从桥影中突然跃出，东西各半的分月奇景。

在冬月望日夜的子时时分，文德桥的水中桥影会左右各现半轮月影，据说呈现时间仅 2 分钟左右。先从西边桥影出现月影，一分钟左右后在桥的东侧又出现月影，桥的东西两侧同时各见半轮，称之为“分月”。

文德桥在夫子庙泮池之西，横跨内秦淮河，南接大石坝街，北连贡院街。它初建于六朝时期，传说，其意为蓄住泮池西泻的“文气”。至于桥以“文德”命名，取“文以载德”之意。

“文德桥上月当头”“文德桥看半边月”是南京人对冬日游乐风俗的一条概括，而“秦淮半边月”也以其独特、新奇而为人津津乐道。写有《儒林外史》的文学家吴敬梓，在客居南京期间也曾到文德桥下看过冬月望日的“半边月”，并赋诗一首云：“天涯羁旅客，此夜共婵娟。底事秦淮水，不为人月圆。”这“不为人月圆”，被解读为文德桥下的月影两分。

1976 年文德桥改建成钢筋水泥的三跨空心板桥，虽桥身略偏，但仍可见分月奇观。每年都有兴致高又不畏寒的游人在冬月十五夜守在文德桥下，期待分月奇观的出现。不过，不是年年可见，似几年一见，其规律并不确定。1999 年 1 月 2 日是冬月望日，子夜 12 点 2 分，即 1999 年 1 月 3 日零时 2 分，人们看到了文德桥东西两边各出现了半边月，共呈现 120 秒，其后复原。（陈思平、陈明明：《文德桥上观‘半月’》，《扬子晚报》1999 年 1 月 3 日）

文德桥“分月”的出现，据说是因该桥为正南北向，与子午线重合，当月亮在特定的时日运行到子午线上时，便出现了“半边月”的景象。从前人不明其因，甚为好奇，竞相观看，遂形成了南京这一独特的冬时风俗。

数九冬至大似年

冬至又称“至日”“长至”“大冬”“交冬”等，它与正旦、端午、中秋为一年四季中的四个大节。

冬至时在夏历十一月，公历多在12月22日。冬至一到，“数九寒天”也就开始了。数九的算法是从夏历单日起算，若冬至日适逢单日，就从这天数起，俗称“联冬九”；若冬至日是双日，则从次日起数，俗称“穿冬九”。南京同其他地方一样，也流传着一些“九九歌”，成为记录民情风俗的一个有趣部分。

夏仁虎《岁华忆语》所载的《金陵谚》云：

一九如九，做活添一绺；
二九一十八，河里冻死鸭；
三九四九，迎风插柳；
五九四十五，穷汉街前舞；
六九五十四，蔷薇发嫩茨；
七九六十三，行人把衣担；
八九七十二，行人拿纸扇；
九九八十一，穷汉受罪毕，
才得伸脚眠，蚊虫虼蚤出。

杨心佛《金陵十记》所载的南京《冬九九歌》云：

一九到二九，相见不出手；
三九二十七，寒风打竹篱；
四九三十六，夜眠如露宿；
五九四十五，穷汉街头舞；
六九五十四，篱芽发嫩刺；

七九六十三，行人把衣担；
八九七十二，河上冰无盖；
九九八十一，穷汉受罪毕，
才得放脚眠，蚊虫蚤虱出。

上述"九九歌"载录了南京地区冬至以后气温的变化和某些生产生活场景，表达了送寒迎春的心愿和对农事的关注。

由于冬至后为"寒天"，为度过这些严寒的日子，民间有涂绘"消寒图"之戏。"消寒图"种类颇多，其一是画素梅一枝，为瓣八十有一，冬至后每日涂画一瓣以记日。其旁常有这样的联句："试看图中梅黑黑，自然门外草青青。"说的是，梅花瓣涂满后，"九天"已过，大地回春。其二是一张纸上画出九格，每格中绘九个圈，共八十一圈，自冬至日起，每日涂画一圈。其涂法为：上阴下睛，左雾右风，中黑为雪。圈涂尽，则九九毕。其三是在纸上写出九个九笔画的空心字（繁体），每日描涂一笔，八十一日乃尽，如"庭前垂柳珍重待春风""原是活财神来到咱家""春前庭柏风送香盈室"等句。

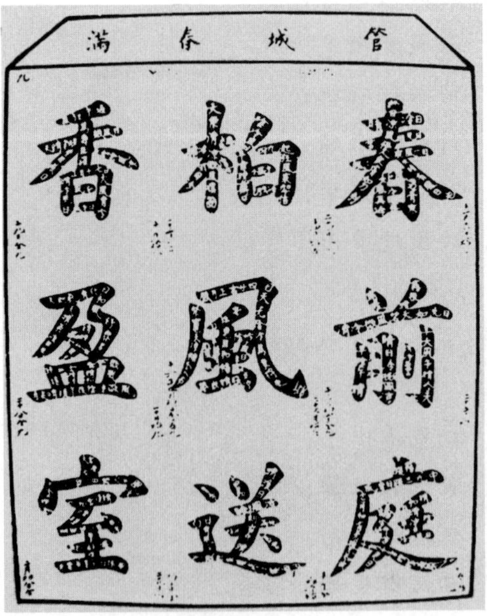

消寒图

民间有"冬至大如年"的说法。唐朝徐坚《初学记》卷4引《玉烛宝典》曰："十一月建子，周之正月。冬至日南极，景（影）极长，阴阳日月万物之始。"冬至日因太阳到了南回归线，在北半球这天的光影最长，然后太阳又一天天地北回，故冬至这天被周人看作是一岁之始而加庆贺。此外，《通纬·孝经援神契》说："大雪后十五日，斗指子，为冬至，十一月中，阴极而阳始至，日南至，渐长至也。”“子”为地支之首，“斗指子”，有岁时之始的寓意，故周定十一月为正月有其岁时理解的文化取义。由于从冬至日起阳长阴消，故南朝时就有冬至做赤豆粥以禳疫鬼的风俗。除了“赤小豆”形似道士的“仙丹”，被视作灵药外，选择冬至这天，本有取阳退阴的旨意。

在食俗方面，大江南北均有“冬至馄饨夏至面”之说，近年来在南京又增衍为吃饺子或吃馄饨。不过，近古以来，南京人在冬至主要是吃豆腐。南京人吃的豆腐有两种，一是小葱烧豆腐，其来由与明初刘基向朱元璋暗示“一清二白”的传说相关；二是吃冻豆腐，这豆腐在头一天夜里就放在室外，让它冻得成冰块，内部起孔洞，下锅以后因能吸纳卤汁而分外可口。此外，从冬至开始，还有“进补”的风俗。

南京人有“一九一只鸡”的吃法，即九天里多吃鸡，每九天吃一只，信能健体强身。

在南京的文人雅士中，旧有“消寒会”的活动，就是在冬至以后，约上九人，自头九至九九，轮流做东聚饮。席上并无珍馐，全为家常菜，但各斗新奇，力争相互花样不同。饮宴之余，文人墨客吟诗书画，分题赌韵。这一雅会被称作“消寒会”。

《正德江宁县志》说，南京“乡间独重冬至”。这天中午要祭祖，晚上全家聚饮。冬至还升炉火，祀天地，叫作“接冬”。这天还可以砌灶，有“冬至打灶不忌”之说。南京民间常以冬至日的晴雨做气象的占验，流传着“干净冬至邋遢年”的谣谚，即，若冬至日是晴天，过年时就可能出现雨雪霏霏的天气。

蜡祭遗风腊八节

夏历十二月初八又称“腊八”“腊八节”，南京和其他地方一样，有煮食“腊八粥”的传统风俗。

腊八及腊八粥都是中国文化的产物，本与佛教无关，在古代已有辩驳的意见。光绪十四年（1888年）河北《东光县志》载：

> 今俗乃以腊八造粥，谓原于浴佛，陋矣。……入腊赐食，实朝廷典礼之常，其用八日则以上弦，《诗》所谓“如月之恒”，取其方兴未艾耳，与彼释氏何干！

其言腊八赐食本是中土的赐食风俗，时在八日并非为“浴佛”，而有上弦月为“方兴未艾”象征的特定取义。

“腊”本是狩猎以祭先祖的仪典。夏曰“嘉平”，殷曰“清祀”，周曰“大蜡”，汉改“蜡”为“腊”。“腊”与“蜡”的区别在于，“腊祭先祖，蜡报百神，同日而异祭也”，即蜡祭有自然崇拜的性质，而腊祭是祖先崇拜。

民间的腊八粥多用八种谷米、果蔬合煮而成，有时还不止八种，各地配料略有异同。南方多用黏米、菱角、芡实、红豆、黄豆、花生、白果、松子、蔬菜等料，另有加栗子、芝麻、瓜子、糖、蜜、杏仁等熟料者；南京的腊八粥除糯米外，配以白果、板栗、红枣、黑枣、蜜枣、红豆、黄豆、瓜子仁、生果仁等。各地腊八粥用料之多，正体现了蜡祭遗风在民间的持久传承。

腊八粥多在腊七夜或腊八凌晨煮成，黎明时分全家共食，俗忌迟食，一般在上午食用，有“不过午”的禁忌。俗信早食兆来年早收。腊八粥的煮食争早之俗正是取腊八为上弦月，具方兴未艾之象，故能作为年成的征兆。

腊八及腊八粥还有驱虫灭害的俗用。农村人在吃腊八粥时，还用粥遍置花木上，信能使来年无虫，且花木茂艳。此外，还有将玉米置火中爆花，缀小儿帽顶的做法，俗称“腊八篦子”，人们信能以此除掉小孩头上的虱子。这类俗信的根由仍出自蜡祭，周之大蜡中的八蜡为祭虫王，因此腊八的时令及其风物便带上了除虫的威力。在高淳等地的乡间，有名为“八蜡庙”的小庙，其所祀实为虫王。

腊八还有男童剃头、女童穿耳的风俗，究其原因，乃因身体各器官皆为神，故也在蜡祭日受祭。在腊八，百物皆有神性，连做腊八粥的泔水人们也用来浴蚕种，以为这样便可令蚕宝宝出得多多。农家用粥汤沃冰，并置粪堆上，以盼水多肥足。来年有秋，还将腊八粥涂于墙壁、树木、门环等处，以镇宅警鬼，禳除不祥。

在腊八风俗中还有祝子、催生的活动，亦颇称奇。在古代，人们在腊八节以粥抹果树上，以求多实，或戏贴妇人背上，以祝其生子。因腊八粥多以种子、果子煮成，这些包孕着生命的谷种、果种，通过接触巫术的诱发，又选择蜡祭百神的特殊期日，信能产生通感，获取神佑，使乞子妇得孕生子。

腊八又制作“腊八丸”，所谓“腊八丸”，系剥兔脑和白面搓丸而成，据说让产妇临产时吃以催生。这种取兔脑制作的巫药，乃因兔子多生、易养，兔子往往一胎多只，且生养顺达，故用以入药，寄托诱发顺产之效。

腊八粥根据配料的不同有“细腊八”和“粗腊八”之分。用糯米、黄米、江米、小米、菱角米和各种干果所煮的腊八粥称作“细腊八”，而用糯米加上花生米、红枣、赤豆、白果和蔬菜所煮成的腊八粥，则称作“粗腊八”。在原南京郊县高淳和溧水，还有三个“腊八”之说。高淳人把腊月初八称为“一腊八”，把腊月十八称作“二腊八”，把腊月二十八称作“三腊八”；溧水人则称腊月初八为“头腊八”，腊月十八为“中腊八”，腊月二十八为“后腊八”。在三个腊八日，他们都要用自产的谷类和豆类煮成腊八粥吃，延长了“腊八节”的岁时长度，使原本一天的风俗活动进入了一个较长的节期，使之成为迎接春节的前奏。

其实，腊八风俗中已含有迎年的成分。一般人家腊八一过就忙着张罗过年的事情，例如蒸糯米饭、炒炒米、做欢喜团、腌鸡、腌鱼、腌猪头等，并四出办年货，准备食品、衣物和礼品等，人们开始走入年前忙碌而愉快的氛围中。可以说，当人们在吃着香喷喷的腊八粥时，已在盼望新春的到来，并计划着迎接新年的具体准备。

送灶掸尘赶年市

灶神的祭奉在我国民间最为持久和广泛，至今仍是民间诸神中最普及的一种，对灶神的祭送早已进入了我国的春节风俗之中，成为传统年俗的一项重要活动。所谓“灶神”，又叫“东厨司命”“司命灶君”“家主司命”“护宅天尊”“定福神君”“一家之主”“灶王爷”“灶老爷”等，历来被视作掌管一户福运的家神。

在从前用大灶做饭的年代，家家大灶上砌有灶神的神龛，内供灶神的纸马。灶神纸马形制庞杂，种类繁多，在大江南北广为流布，有独神图、灶公灶婆图，或另配五子登科、麒麟送子、三星聚宝外加对联等图案。在神祇类民俗版画中，灶神纸马可算是各地皆有、至今犹见的最兴旺的一类。

南京祀灶的风俗就定在“冬尽”之时。《乾隆江宁县新志》卷5载述了这一礼俗的变化：

> 秣陵人家以十二月二十四日夜祀灶，饧饼，酒、果，自士大夫至庶人家皆然。此古五祀之一也。五祀，一曰户，二曰灶，三曰中霤，四曰门，五曰行。天子与诸侯大夫同周制，唯庶人立一祀，或立灶，或立户。户以春祭，灶以夏祭。今士大夫止祀灶，不及其他。又祭以冬尽，皆与礼异。

这段清代的文献记述了祭灶期日的变化，也反映了古礼今俗的嬗变。

腊月二十四日的祭灶又称“送灶”。传说，这天灶神要上天向玉帝述职，为使他“白一岁事”时多说好话，不说坏话，人们多供奉果糖和各类食物。南京人祭灶用的灶糖是用饴糖和芝麻捏成的薄薄的两头起翘的元宝形果糖。关于灶糖的制作，在南京还有“金”“银”之分。据《金陵岁时记》载：

> 灶糖，惟吾乡始有，其式如元宝。以芝麻和糖焙焦之为金，以麦

糖揉之为银，供祀灶神，祝家富也。

灶神纸马

讲究些的灶糖用白糖、芝麻、核桃仁等制作，此外，祭灶还用糖瓜、欢喜团、红枣汤等。在南京六合，人们则用茶果、糖点、鱼酒祀灶。

各地多用糖祭供，是希望以糖粘住灶君的嘴，让他在玉帝面前欲言不得。清朝以来，南京市内的小业主及普通市民，在送灶日常用一根青葱、两块豆腐搁置灶头，以表示自己“一清二白”。传说，玉帝根据灶神的报告对各家做出奖赏和惩处，其处罚的方式是“大者夺纪，小者夺算”。一“纪”为300天，一“算”为100天。也就是说，犯了大过错的人家，其家长要减寿300天，而犯了小过错的，也要减寿100天。因此，人们在送灶时，除了用胶牙糖粘灶神嘴，还会用酒糟涂抹灶神的口，叫“醉司命”，即让灶神吃醉了，昏头昏脑，无法开口。人们在送灶时对灶神说的话，主要是“好话多说，不好少说”“上天言好事，下界保平安”之类。

旧时，南京人在送灶前要到纸扎店买回小轿子、纸元宝和纸马，腊月二十四日的晚上在大门外或庭院中点上香烛，撒些黄豆和剪成一寸长的草料，以示喂马。祭拜后，点火将元宝、纸轿焚化，以示送神上天。送灶由男人操办，女人不参加，民间有“男不拜月，女不祭灶”的禁忌。

送灶的前后，南京有掸尘的习俗。各户人家把家具、杂物堆放房屋的中央，把小扫帚或鸡毛掸子绑在竹竿或叉棍上，清扫梁柱、檩椽、望砖、墙角和墙壁上的尘垢和蛛网，对门窗、家具、地面及一切角落也加以彻底的清扫，以干干净净地过个年。过年要悬先像、挂字画、陈观果、贴年画、贴春联、挂红灯等，需要清洁的环境和焕然一新的气氛，掸尘正帮助营造出这样的节日氛围。

送灶之后，人们跑年市、办年货更为忙碌了。据《岁华忆语》载，南京的“年市”分布及所售货物大致如下：

金陵年市，西自水西门，南自聚宝门，迤逦数里，集中于大功坊。皮货之属，自山西来；纸画、红枣、柿饼之属，自山东来；皆假肆于黑廊、大功坊一带。碧桃、红梅、唐花之属，集于花市街。橘、柚、梨、橙、鲜果之属，集于水西门。鸡、猪、鱼、鸭、腌腊之属，集于聚宝门。

南京人所办的年货，包括香烛、纸马、锡箔等敬神祀先的祭品，鱼肉、鸡鸭、海鲜、金针、木耳及各类蔬菜，寸金糖、交切片、芝麻糖、花生糖、酥糖、水果糖等各类糖食，瓜子、花生、柿饼、核桃等各类干果和蜜饯，万字糕、福寿酥、桃酥、京果等茶食，桂圆、蜜枣、莲子、黑枣、红枣等滋补品，以及鞋帽、服装、玩具等礼品和用品。自送灶之后，各家在办年货的同时开始进入过年的各种实际准备，个个忙碌而喜悦。

岁除团聚合家欢

岁除之夜是中国家庭最看重的团聚的时刻，不论是经商的、做官的，还是打工的、求学的，都会在除夕的年夜饭前从外地赶回家中，与父母、妻儿、兄弟、姊妹团圆，共同辞旧迎新，欢度春节。除夕这顿年夜饭是一年中最丰盛的一顿，又叫作“分岁酒”“饯岁酒”“守岁酒”，还称作“合家欢”“全家福”和“团圆饭”。有的人家为了除夕的“团圆饭”，早在数月前就已开始进行准备。

年夜饭上各家照例一定是要喝酒的，即使平时不好酒的人家，也会人人喝上几口米酒或甜酒。除夕的年酒一般称作“屠苏酒”。在南朝的《荆楚岁时记》中，就有“进屠苏酒”的载录。此外，宋朝王安石《元日》诗中，也有“爆竹声中一岁除，春风送暖入屠苏”之句。可见，在中古时期屠苏酒曾十分风行。

道士们称屠苏是“轩辕黄帝神方”，因取药八味合成，故又称为“八神散”或“屠苏散”。《岁时广记》卷5引孙真人《屠苏饮论》曰：

> 屠者，言其屠绝鬼气，苏者，言其苏省人魂。其方用药八品，合而为剂，故亦名“八神散”。大黄、蜀椒、桔梗、桂心、防风各半两，白术、虎杖各一分，乌头半分，咬咀以绛囊贮之。除日薄暮，悬井中，令至泥，正旦出之，和囊浸酒中。顷时，捧杯咒之曰：“一人饮之，一家无疾；一家饮之，一里无病。”先少后长，东向进饮。取其滓悬于中门，以辟瘟气。三日外，弃于井中，此轩辕黄帝神方。

孙真人对“屠苏”二字从功用上做出了解说，即“绝鬼气”“省人魂”，有辟瘟疗救之性。八味药要用红布囊盛装，于岁除悬放井底，元旦方取出，泡酒而饮。饮时伴有一些神秘行为，如说咒祝之语、先少后长、东向进饮等，调动语言、年岁、方位的俗信而创造出一种神秘的岁时气息。

除夕饮屠苏酒时，一反中国传统的长幼之序而为“先少后长”，其因何在？宋朝洪迈《容斋续笔》曾解释说：“小者得岁，故先酒贺之，老者失时，故后饮酒。”小孩过一年长一岁，逐步长大成人，是值得庆贺的喜事；而老人呢，俗信人的寿命有个“定数”，对他们来说，是过一年少一年，故宜殿后，以留得光阴。

屠苏酒既是辟瘟祛疫的镇物，又是新年举觞称寿的祥物。陆游《除夜雪》中有“半盏屠苏犹未举，灯前小草写桃符”的诗句，他把屠苏酒和桃符作为除夕夜最具特色的风物入诗，并使之蕴含纳吉迎年的意义。

在年夜饭上，北方人一定会吃饺子，而南方人的家宴上一定会有大鱼。南京人家的除夕团圆饭会有红烧的大鱼，但整烧的大鱼往往当晚不得下筷戳破，若有切成段子的烧鱼则可以随意食用。这样，不少人家是准备了两盘烧鱼，大人会提醒小孩子们注意加以区分。

北方人吃饺子是为了辞旧迎新，南京人除夕饭桌上有整鱼却不能下筷又为何呢？

有鱼不食，近代人从谐音理解，称之为“连年有余”，以图富足宽余的吉利。为免破福运，不使小孩犯禁，在除夕家宴上大鱼刚一上桌，常见老少们异口同声地高呼：“余啊，余啊！”这盘红烧的大鱼旋即就撤下了宴席。

除夕年夜饭上不食鱼，除了讨“连年有余”的吉兆，更有神秘的隐义。鱼作为辟邪消灾的镇物，在中古以前曾有广泛的应用。汉朝画像石中的门环上常有鱼饰，唐朝木门扇的门钥多刻为鱼形，大门环钮配有鱼坠，一些家具的门扇，如橱门、箱门、柜门上常见鱼形的铜片拉手，皆以鱼为辟凶的镇物。对此，唐朝丁用晦在《芝田录》中解释说：“门钥必以鱼者，取其不瞑目守夜之义。”

年夜饭上的大鱼撤下后被人放在正对大门的供桌上，鱼头对外。因鱼无眼皮，死不瞑目，俗信能助人守岁，监察鬼魅。主人通宵守岁，至下半夜或有困盹者，而鱼则双目圆睁，永无懈怠地注视着门户。因此，除夕年夜饭上的大鱼不得妄食，人们欲借它而辟退岁末的阴气。可以说，助人守岁是除夕不食整鱼之俗的真正动因。

“十景菜”是南京人家年夜饭中的一道重头菜，它选取十种或十种以上的蔬菜炒烩而成，不仅在鱼肉荤腥众多的宴席上显得十分爽口，而且它是一道点题的菜，即因多菜聚合而有“合家欢”的象征意义。关于“十景菜”的配料，据《金陵岁时记》载：“除夕人家，以酱姜瓜、胡萝卜、金针菜、木耳、冬笋、白芹、酱油干、百页、面筋十色，细切成丝，以油炒之，谓之十景。又有所谓安乐菜者，干马齿苋也；如意菜者，黄豆芽也。盖取义吉祥尔。”此外，南京人家在“十景菜”中常放荠菜、菠菜、慈姑、腌菜等。一般人家的“十景菜”一次会炒很多，用小缸、陶盆存放，备几天食用，也用以相互赠送。

年夜饭后有“接灶”的礼俗，即在大灶的神龛中放入新的灶神纸马，并点香烛致祭。然后，一家人围炉守岁，其乐融融。守岁时，人们取红枣、福建莲子、荸荠、天生野菱煮食，称之为“洪福齐天”。团圆、欢乐、吉祥、幸福的主题在一项又一项的除夕民俗中得到了彰显。

除夕俗事多辟阴

除夕是一年中最忙碌的一天，人们在喜气洋洋的氛围中准备着丰盛的年夜饭，家家都在洗、烧、蒸、煮，忙得不亦乐乎。不过，除夕之忙并非只在忙这顿“团圆饭”，饭前饭后还有许多风俗活动也不可忽略。这些风俗事象还带有几许严肃与神秘的成分。

旧时家有水井的人家要在除日黄昏前祭井和“封井”，即给水井加上木盖，十字交叉地贴上红纸条，供上糕点，陈放井神的纸马，燃香祭拜，元日晚或三日后方可开盖复用。过年有“不汲水”的禁忌，封井的风俗正是这一禁忌的体现。究其原因，乃因井水在地下，不见阳光，被视为“阴水”，封井为不使井下阴气外泄。

高淳人在除夕有设酒肴祀年神的风俗，年神俗称“年菩萨”。“年菩萨”无形象，是一种想象的存在。其供除香烛外，还有三杯清茶、一盏油灯、三碗团子和一只点上红绿色的大欢喜团。考究的人家，还在供桌上摆上猪头、元宝鱼（腌制的鲤鱼）、年鸡（腌制的大红公鸡）等，祭拜时还燃放爆竹。祭年菩萨是一项独特的辞岁迎年风俗，意在祈望两岁的平安交接。

在南京有除夕“嫁鼠娘”的风俗，即在除夕取花果食物置床顶、门楣之上或放于床下、橱后，让老鼠吃饱上路，把“鼠新娘”嫁出去。与这一风俗活动相关，民间有除夕贴《老鼠嫁女》年画和《老鼠嫁女》剪纸的传统，其图形构思精巧，画面生动，既寓意幽深，又情趣盎然。

《老鼠嫁女》以寓言式的题材、讽刺与夸张的手法、喧闹动跃的画面效果烘托着辞岁迎年的欢快气氛。它除了画面所展示的直观的内容，同以喂食物来“嫁鼠娘”一样，也有着奇奥的象征意义。鼠因与“子”相配，所以鼠又有“子神”的别称。

古人对十二地支作阴阳划分，以单数为阳，双数为阴。明朝郎瑛的《七修类稿》载：“子虽属阳，上四刻乃昨夜之阴，下四刻今日之阳。鼠前足四爪象阴，后足五爪象阳，故也。”

由于子时是从昨日到今日，从阴时到阳时，而鼠前后爪有偶奇之分，因此老鼠便成了时辰的物化象征，并成为计时之首。又由于子时正值深夜，故郎瑛又说：“子为阴极，幽潜隐晦，以鼠配之，鼠藏迹也。”他认为，鼠的习性也正好与子时的“隐晦”相通。

《老鼠嫁女》图

《老鼠嫁女》多在除夕贴上墙壁，而除夕正是“阴极”之夜，而新旧之年又“更岁交子”，因此，《老鼠嫁女》年画本身就是旧年与新年交接的象征，其贴挂本具有辞岁迎年的意义。

除夕吃年夜饭前，人们总是先在门外放一通鞭炮，然后关上大门，这叫作“闭门炮仗”。关上门后，门缝上会贴上红纸剪出的钱纹，叫“贴封门钱”。“闭门炮仗”为扫除门前的阴气，不使潜进屋内，而“封门钱”则以古钱币为镇物以镇门护宅。

旧时封门之后，人们在屋内用松柏枝燃起一盆火，叫作“烧糁盆”，一方面用以取暖，同时也因火为阳物，可辟退阴气。除夕夜一些人家用松柏枝插于瓶中，上面缀上古钱、元宝等物，谓之“摇钱树”；也有在门上、粮堆插柏枝的，俗信能镇除阴气。

除夕之夜还有以灯烛置床下、墙角及室内一些较隐蔽的地方，称作“照虚耗”。或让小儿提灯在家中四处照照，意在以灯火驱除使家财虚耗之鬼，后来又称此俗为“找元宝”。此外，家主守岁之时，必点一对大红的“守岁烛”，也有借火取阳之意。

年夜饭后，家长照例会给小儿“压岁钱”，这“压岁钱”多为红线串起的一挂铜钱，用来挂在小儿颈上或挂在床脚，信能护身护床、驱祟除阴。因除夕为岁末，“岁”与“祟”谐音，“压岁”便有了“压祟”的寓意。

古代除夕夜有驱鬼的大傩礼仪，在高淳还传承着傩舞、傩仪，傩神的面具在乡人看来具有辟鬼驱祟的神力。此外，乡间还有击鼓迎年的风俗，有时鼓声彻夜震响，直到鼓面被击破为止，俗信鼓声能驱除阴气，迎来丰年。

除夕家主因“守岁”而通宵不寐，小儿则多玩至夜半而眠。睡时，大人用锅盖、筛子在小儿头上绕一绕，并将小儿的鞋子翻转过来，使鞋底向上，鞋帮向下，俗信瘟气不得落入，小儿可免瘟病。此外，除夕还有在窗台上放黄豆的风俗，俗信能令小儿免生痘疮。

从上述除夕俗事看，辟阴是整个除夕风俗的中心。不论是贴门神、春联，是封井、放闭门炮仗，是立摇钱树和烧糁盆，还是吃团圆饭、喝屠苏酒，以及守岁、发压岁钱、祭祖敬天地等，实际上都烘托着“辟阴”的主题。

除夕为何这样处处设防呢？因除夕时在岁尽年末，被认为是阴气最盛、阳气最衰的一夕，而三十晚上见不到月亮的自然规律更加深了人们对“阴气”的联想。不过，丰富多彩的除夕民俗活动往往一扫岁末的沉重，带来对新年的期待与合家的欢乐。

人生礼俗

人生礼俗是在一定的社会环境中围绕人从生到死各重要阶段所展现的仪礼和习俗，它包括祈子礼俗、胎教礼俗、催生礼俗、诞生礼俗、成长礼俗、成丁礼俗、婚嫁礼俗、寿诞礼俗、丧葬礼俗等领域，涉及两性观、人口观、族种观、世系观、生死观等社会与精神的层面。人生礼俗以“人生”为功利追求，以社会为存在前提，作为调节个人与社会相互关系的文化手段，主要以社会性的风俗活动来表达对个体的关注。

从一定意义上来说，人生礼俗是对具有普遍性的“个人节日”的宣扬与肯定。面对不变的生老病死的规律和多变的社会风尚与文化观念，它让人从历史的变迁和生活的记忆中去察古识今，从而对社会与生活有更深沉的感悟，并体会人生的价值与意义，激发对生命的敬畏和对生活的热爱。

南京人的人生礼俗也有着广阔的表现空间和某些地方性的特点，成为了解南京民俗生活不可或缺的重要方面。尤其在祈子、催生、护儿、婚嫁、寿诞等环节，南京有自己特色鲜明的礼俗活动。人生礼俗以“人”为主体，以“生”为追求，故本书略去了丧葬祭亡的内容，以突出表达对人生的肯定和对生命的张扬。

催生礼与催生药

在怀胎足月之时，能否顺产，母婴是否平安，是人们最为关心的大事。为避免难产，迎来顺产，古代有多种“催生”之俗，包括催生礼和催生药的应用等。

催生礼多为实用的食品、摇篮、衣物等，一般由娘家人送。送小儿的摇篮叫作“催生篮”，送给产妇食用的糯米肉馅团子叫作“催生团”，用盘子托着送饰物的叫作“催生盘”，用担子挑着各种食品和用品去的则叫作“催生担”。

催生礼中的食品，包括鸡蛋、鸭蛋、生枣、栗果、肉圆、鱼圆、鸡块、海参、红糖、桂圆、核桃、糕点、面条、包子等，多为不需加工就可食用的，以让产妇在产前或临产时食用，有气力来生养。催生礼中的用品，包括摇篮、垫的、盖的，小儿的鞋袜、帽子、衣服、涎兜、尿布、包袱，小儿佩戴的金银饰物，等等。

在南京近代的人生礼俗中，也有一些催生求顺的做法。南京最常用的催生礼是面条，其名称为“过街面”。《金陵琐志九种·炳烛里谈》卷上载：

> 妇人将产子，母家必备小儿服饰及鸡肉面馓相馈，谓之“催生”。送礼后逾月犹不生，则遣女仆备熟面数碗送往女家，置诸地，急趋而出。女家人取食之，谓之“过街面”。是亦催生之余波也。

清朝南京的催生礼，最后送出的是“过街面”。面条通常作为寿礼，叫作“长寿面”或“长生面”。“长生”使人联想到长于生育，故又用于催生礼俗之中。由于古人受宗教轮回观的影响，认为小儿的出世是从另一个世界投胎来的，他们从彼岸他界来到了此岸人间。南京“过街面”的“过街”，其实是“过界”的意思，吃了这面条就能让小儿过界而生。至于“置诸地，急趋而出”，是为了渲染这一礼俗的神秘气氛。

在南京郊区，直到20世纪前半叶还见有吃面条催生的习俗。笔者1990年夏季带学生在河西江东乡做民俗调查时，曾搜集到一条催生趣俗。在那里，从前当孕妇足月后，娘家人会把怀孕的女儿接回来，进门后不能关门，而让大门洞开，用一张长条凳挡住门口。母女间不能说话，母亲亲自下面条给女儿吃，女儿吃完面后，一脚踢翻挡门的长凳，随即径直返回夫家，路上不得回头张望，这样就信能顺产。

与城区的“过街面”相比，郊区的吃催生面习俗带有更突出的巫术气息。孕妇踢翻挡门的长凳，象征着已排除了难产，已诱发产门打开，不再有任何阻挡。至于母女间不得说话，返回时不得回头的禁忌，也是为了渲染这一风俗活动的神秘。

此外，清朝南京的“场中签”也是一种特殊的催生用物。据《金陵琐志九种·炳烛里谈》卷上载：

> 场中士子，出入俱以竹签为凭。其照出签人每窃回，谓以之催生，最有验。

竹签为场中出入大门的凭证，士子窃回家中，为使自家孕妇产门打开，小儿出门顺畅无阻。同时，竹签由竹子制作，而竹子的谐音是“祝子”，故其有祈顺产、祝得子的吉祥寓意。

南京的催生礼俗与他地此类风俗间既有联系，又有区别，其面条、竹签之用显示出南京风俗的地方性特征。

诞生满月又抓周

小儿的出世是人生礼俗中的一件大事，而母婴的平安最为各个家庭所担心。从前产妇大多是在自己家中生养，请接生婆来助产，新中国成立后大多送医院去接生。为祈求母婴平安，产房中一般祭供床公床母的纸马，供上茶、酒各一杯，以托其看护大床，护佑母婴不出意外。

在南京，孩子出生后，由接生婆为其清洗，然后用小包袱包扎起来，并在床腿上绕三圈后放回床上，意指用一条无形的绳索将小儿拴在了大床上，阴煞邪鬼是拖不走的，同时有床公床母日夜监护着，孩子就不会夭折。

孩子安全出生后，女婿要赶紧到岳父母家去报喜，以免他们担忧。报喜往往不用语言，而用行为、符号来传递信息。在南京，女婿报喜也要带礼物到岳父母家，准备的礼物包括喜糖、喜糕、喜钱、喜蛋等，若他进门后把礼物放在桌腿边上，表示生了男孩，若放到桌面上，则表示生了女娃。

小儿出生后，胎盘的处理很重要，绝不能随便丢弃，俗信不能给狗吃了，否则会给孩子带来不吉。南京人对衣胞的处理往往采取深埋的方式，一般放在瓦罐里埋在青石板下或自家的庭院之中，以确保不会发生不测。有的人家还会在盛衣胞的瓦罐中放入米谷、菜籽、小石子之类，以表蕴含生气，小孩健壮，不会夭折。老南京人过去有巫术信仰，他们认为，衣胞若埋在路道中间或男人小便池附近则更好，让千人踩、万人踏，就能聚集众人的阳气，并通过胎盘转移到新生儿身上，

床公床母

孩子就能健康强壮又长寿。

婴儿出生后的第三天，要用香汤沐浴，叫作“洗三”。澡盆中除药草外，还放有桂圆、枣子、生果仁（花生米）等有口彩的吉祥物品，接生婆边给小儿洗澡，边说“长命百岁”“平安富贵”“状元及第”一类的吉语祝词。

在孩子出生后的第 3 ~ 7 天，至迟满月之时，要给新生儿取名字。名字至少有两套，其一是“乳名”或“幼名”，俗称“小名”；其二是“书名”或“学名”，俗称“大名”。

“乳名”一般由父母所定，众人随呼，有的被人叫惯了，竟终生难以改口。南京有句谣谚说：“要的巧，喊到老”，就是指有的人乳名终生使用，竟让人不知其尊姓大名。乳名一般较随意，什么“小三子”“八斤子”“小石头”“小宝”“小弟”等，常有所用。为了小孩健康长成，不会夭折，民间还有取贱名的传统，因此，叫“铁牛”“黑子”“腊狗”“小兔子”等的大有人在。有的明明是男孩儿，乳名却叫“丫头”“三丫头”，也是以取“贱名”的方式以图存活不夭。如果想要儿子的人家却偏偏生了女儿，就会给女儿取“跟弟”“带弟”“招弟”“宜男”等乳名，希望通过千呼万唤，以后会生儿子。

“学名”一般由师长或德高望重者所取，以三字名居多。三字中有一字为辈分，一般置于姓名的中间。班辈的排序在各姓的家谱上会有载录。例如，郑和为其后代所排定的班辈二十字为：“太尚存忠孝，积厚流自宽，藩衍更万载，家道泰而昌。”安徽当涂陶村的陶姓班辈二十字为：“尚有宗世国，其可学斯文，茂永恩光照，存德善良缘。”一代人按序用其中的一个字，20 代一个大轮回。这样，班辈连同姓，这两字对个人来说是固定的，只有第三字才体现其个体的特点及家族的心愿。把一家人中兄弟数人的名字排列起来，方显现其家族的追求和一定的意愿，例如“荣”“华”“富”“贵”和“福”“禄”“寿”的组合，等等。

为了孩子能长大成人，长命百岁，旧有寄名于树、寄名于庙、寄名于物的风俗，并因此在小孩名字中留下了印记。例如，清朝时，在南京的牛市有一棵千年的老槐树，被俗人视作神物，因物命久长，于是许多新生儿被寄名于该树，故在嘉道年间南京孩童的乳名便以“槐”字居多。（《金陵琐志九种 · 炳烛里谈》卷下）

在满月这天，要给小儿落胎发，一般男孩子头顶上留一片头发像寿桃，或在脑后留下一片头发像乌龟梢，有的还留下胎发日后扎成小辫子，以表长寿。女婴满月时也落胎发，由理发师用推剪间隔着一撮一撮地剃下一些头发，这种头又叫作“花头”。不论男女，剪下的胎毛都要留下一些，用红线扎着或用红布裹着，再缀上一枚古铜钱，挂在小孩的帐子里或屋梁上，以护床和镇宅。也有把胎毛缝在小孩的夹衣里或棉衣里以护身。总之，与生俱来的胎发被人们看作有神力的东西，被加以珍藏和利用。

在满月这天，还有让小孩外出见见世面的习俗。一般由舅舅抱着到门外转一圈即回，来回不能同路，最好在桥上通过，以确认孩子已经“过界”而来到人间。

满月过去是要办酒的，来的亲友们会带上送给孩子的礼物或礼金。带银帽花的帽子、挂饰、银锁、鞋袜、围兜等用品和饰物是常见的贺礼。与孩子见面时，客人们会齐声夸赞小孩聪明、可爱，并说些“富贵长命”“出人头地”一类的吉祥祝语。家人则通过满月酒酬谢亲友的帮助和关爱，并借此加强家族与社会间的情感联系和人脉关系。

孩子一百天时叫作“百日”，古称“百晬”，俗称“百岁”。人们也像满月那样宴请和送礼，使小儿的诞生、成长融入社会交际的礼俗之中。

当小孩出生一周年时，叫作“周晬”，俗称“过周”。因古代有周岁时让小儿抓物试儿志向的风俗，因此过周又叫作“拈周试晬”，俗称“抓周”。所谓试儿“抓周”，即用工具、文具、玩具、文书、兵器、用品之类物品放在刚满周岁的儿童面前，任其抓取，以他先抓取的物品卜定其日后的前途与旨趣。

“抓周”的风俗在南北朝时期已在江南一带流传，据南北朝颜之推《颜氏家训·风操》载：

> 江南风俗，儿生一期，为制新衣，盥浴装饰。男则用弓矢纸笔，女则刀尺针缕，并加饮食之物，及珍宝服玩，置之儿前，观其发意所取，以验贪廉愚智，名之为试儿。

可见，这一风俗最初在包括建康（今南京）的江南盛行，到唐宋时

抓周图

已流布大江南北，成为汉族人生礼俗中的一项重要仪式。

“抓周”风俗在清末民初仍在传承，而试儿的器物亦各有象征意义：纸、笔、砚、书籍为儒生之兆，官帽、诰敕、印章等为出仕之兆，刀、剑、戈、矛等兵器为武夫之兆，金银、珍宝、官楮、钱陌等为富人之兆，算盘、戥子、升斗之类为商人之兆，刀剪、针线、农具、工具为农工之兆……

“抓周”作为一种预卜未来的风俗活动，主要在家庭内进行，并非社会性的活动。“抓周”利用周岁儿童好动好拿而不知世事的特点，期望通过物人感应，察知小儿志向与喜好，并盼其成人成才，出人头地。这种风俗的信仰根源是物人相触互感的巫术观念，其仪式及期日正是创造这一神秘氛围的选择。作为卜戏类民俗事象，“拈周试晬”以儿时对某物的偶然接触来对未来做必然的判断，这自然是荒谬的。不过，“拈周试晬”反映了父母对子女的舐犊深情，同时又具有一定的家庭游戏的性质，因此它又不同于一般的信仰活动，只是一种颇具人伦味并以育儿为追求的游戏性成长风俗。

步入社会成丁礼

成丁礼又叫“成年礼”，是人生礼俗中又一个重要的仪式。人们通过一定的仪式或考验，使受礼者成为社会的正式成员，赋予他们一定的权利与义务，并认可他们性生活的开始。成丁礼作为婚嫁的前奏，也是长大成人后不再为孩子的标记。

汉族古代的成丁礼为女子 15 岁行“笄礼”，男子 20 岁行“冠礼”。南京的成丁礼也包括笄礼和冠礼，在 15 ～ 20 岁间举行。

笄礼又称“及笄”。笄，为盘头发用的簪子，头发在头顶绾成发髻，用缅把髻包住，再用簪子插上。《仪礼·士昏礼》曰：“女子许嫁，笄而礼之，称字。”行了笄礼，表示女子已经成年，就可以出嫁了。

冠礼，即戴上成人帽子的礼仪。《礼记·曲礼上》曰：“二十曰弱，冠”，“男子二十，冠而字”。《礼记·冠义》则曰：“已冠而字之，成人之道也。”冠礼由父或兄主持，由宾客中的尊者行加冠。加冠凡三次，分别称作“始加”“二加”“三加”。“始加”缁布冠（由麻布制成），表示有治人的权利；“二加”皮弁（用鹿皮制成），表示从此要服兵役；“三加”爵（用葛布、丝帛制成），表示今后有权参加或主持祭祀活动。这三顶帽子，分别象征着政权、兵权、神权，从此这青年可担大任。每加一冠，宾客都致祝词，其初冠时祝词为：“令月吉日，始加元服，弃尔幼志，顺尔成德，寿考惟祺，介尔景福。”

加冠后，冠者见母，并由宾者给他取一个字。冠礼毕，设酒礼宾。

儿时寄名于庙者要到庙中举行“消斋障”的仪式，表示与庙脱离了关系，之后才可以娶亲或嫁人。实际上，这也是一种特殊的成丁礼。

以冠礼为标志的旧式成丁礼在南京已废弃多年，六朝时重视冠礼，唐宋时遭到废弃，明朝时又重兴，但俗多草率行之，至清朝已完全废弃。当今在南京有的中学偶或举行成人仪式，如金陵中学在 2014 年 6 月 10 日举行了高三毕业典礼暨成人仪式，以提高学生们今后踏入社会的公民意识和责任感，这与传统的礼俗间仍有着间接的文化联系。

南京的婚嫁礼俗

南京作为地处江南的古都和名城，其礼俗传统与中原地区一脉相承，同时也有自己的地方特点。就婚俗而言，六朝以来及至明清时期，基本承袭了周代的“六礼”之制，即按“纳采”“问名”“纳吉”“纳征”“请期”“亲迎”六礼进行。

宋朝南京的婚礼有品官与百姓之间的区分。品官婚礼采用古制，遵循“六礼”，而士庶婚姻，只能行“四礼”，即将“六礼”中的“问名”并于“纳采”之中，将“请期”并于“纳征”之中。

明初，南京品官婚礼仍行“六礼”，但朝廷下诏，反对“专论聘财，习染奢侈”，主张“条从节俭，以厚风俗”。至于庶人婚礼，只行“纳采”“纳征”“请期”“亲迎”四礼，并规定庶民结婚的年龄为男16岁、女14岁以上。（南京市地方志编纂委员会办公室编：《南京民俗志》，方志出版社2003年版）

明都北迁后，南都的婚礼又有变化。据《客座赘语》载：“今留都初缔姻，具礼往拜女家曰‘谢允’，次具仪曰‘小定’；将娶，先期具纳币，亲迎之日往请，曰‘通信’；纳币曰‘行大礼’，将娶前数日具仪曰‘催妆’；至日行亲迎。……古俗，亲迎有弄女婿、弄新妇、障车、婿坐鞍、青庐、下婿、却扇等礼，今并无之。唯妇下舆以马鞍令步，曰‘跨鞍’，花烛前导曰‘迎花烛’，仿佛旧事。”

清朝婚礼有官定之制，例如，凡有品级官，婚嫁鼓乐不得超过12名，镫不得过6对；无品级人及监生军民，不得用执事，鼓乐不得过8名，镫不得过4对；官民皆不许用金银财礼；庶民妇女，不许用官帔补服大轿。

民间之俗，先说媒。俗话说：“一家有女百家求”，但必须年貌相当，门户相对，方能结婚。说媒者以妇人说合居多，必先言定聘礼聘金若干。合婚后，男女家另择媒人，谓之“大宾”。若同意媒人的说合，就“发草帖”，即女家用粗纸书写女子的年庚，交媒人递到男家，叫“草八字”。主人招星者推算吉凶，亦有不复请人推算的，叫作“天婚做”。也有用红纸书写的，男方拿到后压在自家灶前的香炉下，若三日内家中平安无事就合婚，若有碎碗破甑之事，认为不祥，托言不合，将草八字退还。在“压草书”“合八字”通过之后，就行初聘礼，谓之“传红”，俗称“下定”。男女双方各延大宾先至男家，主人具庚帖一副，书男八字于阳页，用红绿绸联成方块包之，名之曰“袱”。别具全红柬帖四副，书主婚者郡望、姓名，随送荔枝、龙眼、奎栗、蜜枣四种干果，茶叶若干瓶，或加香橼、福橘、木瓜、石榴诸大果，及龙凤喜饼，以示丰盈。送至女家后陈放于庭中，女家取男庚帖，填写女八字于阴页，别用蜜合与紫色袱包之，以主人全柬四副并具蜜食若干种，随媒氏送回以报聘。因至此婚姻已定，故谓之“下定”，又由于以红帖在男女两家相传，故又谓之“传红”。将娶选日，再行聘礼，谓之“行礼”，又叫“送日子”。男家将卜定的吉日写于红帖，请二大媒送往女家，女方将新妇的衣裙尺寸写在红单上，交大媒带回，男家按单制成，在纳币日再请大媒将新妇的冠袍衣饰随同茶叶果品等送至女家，并以红帖正式告知亲迎之期。女家收到后，按例，以新婿的冠带和蜜食作答礼，叫作“回盘”。回盘中要有“三代”，包括腰带、钞带和袜带，后只回“两代”，女家自留一代。婚期前一日，妇家具妆奁送往婿家，谓之“铺嫁妆”。到亲迎之日，新郎亲自乘轿到岳父家迎娶新娘，叫作“求亲”。至此，两姓和合的婚嫁礼俗便大致完结，剩下的还有在夫家的拜堂、坐床、闹房等民俗活动。在喜堂的布置上以红色为基调，一般要挂上和合二仙图，以预示夫妻和顺、亲密。

喜堂上的和合二仙图

民国时期废除封建礼教，倡导“文明结婚”。所谓“文明结婚”，即采用新礼，模仿西方的婚礼形式，新郎穿西服、皮鞋，打领带，新娘披白色的婚纱，无论是否到教堂，均不着旧式服装。其仪式为，设一喜堂，用证婚人、主婚人、介绍人、男女傧相、男女来宾等，奏雅乐，其后包括读证书、盖印、新郎新娘相互鞠躬、交换戒指、证婚人和主婚人先后训词、来宾颂词、新郎新娘鞠躬谢客等环节，礼毕在饭馆设席答谢。“文明结婚”成为民国时期婚礼的主要形式，甚至在小县城也流行开来。

1949年中华人民共和国成立以后，婚嫁礼俗更趋简约，自由恋爱取代了“父母之命，媒妁之言”，并一度出现了以茶话会取代办喜筵，以观光旅行取代大操大办，以集体婚礼取代家族聚饮的新现象，很多人在结婚时对物质与钱财没有什么计较。后来，在20世纪60～70年代，对基本的物质条件，开始有人在乎起来，有“三转一响一咔嚓”（手表、自行车、缝纫机、收音机和照相机）的追求。除有房外（可以是租用、借用的），还有人在家具方面有56条腿或更多的要求（含大床、大橱、半截橱、床头柜两个、办公桌、饭桌、碗橱、椅子6张等），尽管这对年轻人的压力不小，但在当年的婚姻中已经成为一股潮流。不过，从整体上看，20世纪80年代以前南京人的婚礼还是比较俭朴的。

从20世纪50年代以来，在南京曾见到的婚姻形式也不少，反映了婚礼随社会变迁的演化和人们文化需求的多种多样。归纳起来说，主要有以下一些样式：

家常式。即在自己家中张罗婚礼，举办婚宴，家族中的亲戚们都来帮忙或助兴，菜肴自己做，或请厨师来家中掌锅，房屋不够大的，往往扩大到庭院、大门外和街道上。这种婚姻形式比较传统和节俭。现在城里人已基本放弃了家常式婚礼。

宴会式。即在宾馆、饭店举办较正式的婚宴，还延请婚庆公司来主持仪式，安排节目。新郎着西服，新娘披婚纱、捧花束，一起在门口迎接客人，现场有摄影和录像。这种婚礼形式近20年来在南京城区最为流行，成为一种最常见的样式。

集体式。即由机关、单位、社团组织多对新人，在政治性纪念日或大型社会活动时，在公共空间举办公开的婚礼，以倡导将节省下来的婚礼费用支持贫困地区儿童上学和支持灾区群众抗灾等，以在社会上传播和谐互助的正能量。

旅行式。即新郎新娘做一次蜜月旅行，20世纪60、70年代南京的新婚者主要是到上海、杭州等周边城市，后来旅行半径逐步扩大，出国度蜜月愈来愈普遍，反映了经济实力的增强和眼界的扩大。

领证式。即到民政局登记结婚，并在民政局官员的主持下，站在国徽前的红地毯上，男女二人宣誓忠于对方，并庄严地接过结婚证书，以作为自己的婚礼，回去不再另搞其他仪式。这种样式的婚礼最节省，在20年前兴起时仅收费18元。

自娱式。即婚礼由男女双方请来同学、朋友、同事等年轻人，大家在一起唱歌、跳舞，相互拉节目，热热闹闹地玩一场，以此作为自己的婚礼，不搞世俗的宴会。

野餐式。这种婚礼的范围更小，一般由男女双方约上最要好的朋友、同学等，人数七八个、十来个不等，带上食品、酒水、水果等，到湖畔、山顶、树下、花前，铺上塑料毯，坐下来边吃边谈，以把爱情与友情联结在一起。

茶话式。这种婚礼形式主要在20世纪50～70年代流行过，当时为了移风易俗，不办婚宴，开个茶话会，准备些茶水、糖果、瓜子等，请领导、同事、朋友来，由一对新人介绍恋爱经过，由领导说些勉励和希望的话，由同事们表示祝贺。“革命伴侣”的定位成为他们光荣的身份。

祭灵式。即在结婚那天，到烈士陵园去祭扫，以表达在幸福的时刻不忘记先烈们的功勋。这种婚礼活动由苏联传来，在我国部分城市存在过，但并不普遍。

神前式。即按照西方基督教的婚礼方式，到教堂去举办婚礼，以亲近上帝，并让婚姻受到神的承认和护佑。

感恩式。即在婚礼上由新娘朗读一封给父母的感恩信，感谢父母把她养育成人，感谢父母让她出嫁开始自己的家庭生活。朗读时，新娘往往不禁哭哭啼啼，以显情真意切。这是从东瀛日本传来的婚俗形式，在上海有模仿此式者，在南京则较少见到。

植树式。即在结婚那天共同种下一棵纪念树，让这树伴随着他们的婚姻成长。其社会功能在于，用婚礼省下的钱来为绿色环保做贡献，同时倡导参与社会公益活动。

运动式。即新人们用参与某项体育运动的方式来纪念自己的婚姻。例如赛跑、跳伞、潜水、滑雪、登山等，以表现青春的活力、健康的生活和共同的情趣。

古装式。即以穿越的手法，模拟古代某一时期的风尚，一对新人化妆成古代的英雄和美人，或公子和小姐，着古装，骑马、乘轿或坐战车进入婚礼现场，以产生时空流动的戏剧效果。近年也有花轿迎亲、游街，唢呐队吹吹打打的热闹欢愉的“复古”婚礼。

航空式。即一对新人包一架飞机在所在城乡的上空翱翔一圈，让婚姻以山河为媒，以天地作证，从而讨得天长地久的吉利，同时让这不寻常的经历留下永久的美好回忆。

体验式。即新人们寻找一特殊的环境度过自己的新婚之夜，以体验某种逝去的情境和别样的生活。例如住溶洞、住古宅等。南京甘熙宅第搞过旧式婚房的对外租用活动，以百年老宅、古旧家具、高墙木楼让现代新人体验清朝南京大户人家的深宅婚礼。

网络式。即利用网络作信息平台，对外公开宣布已经成婚，设置专门网页发表有关信息，并接受网上贺信、贺礼。在“非典”肆虐时期，北京隔离区的一位护士曾率先网上结婚，引起社会公众的普遍关注。

此外，当今婚嫁活动中还有私奔、裸婚等形式，这些非主流的形态作为社会现象，同样值得关注。

上述当代婚礼形态呈现出四个特点，即个性化、公益化、平淡化、外来化。诸如运动式、古装式、野餐式、体验式、自娱式等，体现了追求个性化的趋向；集体式、植树式等，体现了对公益化新风的关注；茶话式、领证式等，有以政治因素减少婚礼社会文化内涵的平淡化效果；而神前式、祭灵式、感恩式等，则是接受了外来文化传播的结果。此外，家常式、宴会式等仍是比较传统的婚礼形式，而网络式则成为一种以虚代实、前途未明的新潮。

当今婚礼中仍有讨口彩的做法，南京城区的婚车往往选太平门——富贵山的行车路线，以讨“太平进，富贵出”的吉利。南京当代婚嫁礼俗的丰富多彩，反映了社会的开放、变迁与发展，文化多元、多样共存的历史实际，以及婚俗功能指向的重新调节与定位。

茶礼传袋与撒帐

在南京古代的婚嫁礼俗中有茶礼、传袋和撒帐等做法，各有其幽深的文化隐义，反映出民间婚俗的多彩多趣。

明清以来，在订婚的礼物中多用茶叶。南京人旧时行“聘礼”，茶叶最为重要，所赠亦为数不少，在清朝茶以瓶计，多则百瓶，最少也得十瓶。一般行了“茶礼”，婚姻就算确定了，女方接受了男方的“茶礼”，就不能轻易地反悔赖婚。

婚礼用茶及茶所蕴含的象征意义，至少在明朝以前就已经形成，并成为共同认定的文化现象。婚俗中茶之象征意义究竟何在呢？

明朝郎瑛在《七修类稿》中引《茶疏》说：

> 茶不移本，植必子生，古人结婚，必以茶为礼，取其不移植子之意也。今人犹名其礼曰“下茶”。

郎瑛在《七修类稿》中还说：

> 种茶下子，不可移植，移植则不复生也。故女子受聘，谓之“吃茶”。

明朝陈耀文《天中记》卷44《种茶》也载：“凡种茶树必下子，移植则不复生，故俗聘妇必以茶为礼，义固有所取也。”

茶树因不可移植，需用籽下种，其生长之性被用于比附婚姻的缔结，茶叶就成了姻定无悔的象征。茶叶在婚礼程序中不仅有订婚的作用，同时茶因“植必子生”，又隐含传种续嗣的祝愿。

按南京的风俗，新妇花轿到达夫家门前，不能出轿履地入门，而要用三条米袋作垫，传着进门，取“传代”或“传三代”之意。1932年编修的《新京备乘》载：

> 新妇始至门，传席以入，弗令履地，唐时已然，今仍其风。有不以席而先藉以米袋三者，取传代之义。而后以红毡接之。

三条米袋从停轿处传着到夫家门，故传三袋就成为娶来新妇传宗接代的吉祥象征。

清朝时，南京的新妇往往是抱着一个花瓶下轿的，在夫家门前再跨过一架马鞍，取“平安到家”之意。那个花瓶是从娘家带来的，被其母用布封着口，还用红线扎了三道，以告诫女儿“三缄其口”，即到夫家后莫多言多语。同时，南京的新妇比较倔强，进夫家时常常三昂其首而后入，象征着将来不会受婆婆欺负。在婚嫁礼俗中，人们使用了多种类似的文化象征。

撒帐是传统婚礼中的一项仪式，一般在新郎、新娘双双进入洞房、坐床并饮了交杯酒之后进行。撒帐所用之物包括五谷、花果、金钱，多以花生、枣子、桂圆、荔枝、核桃等杂果相和后抛撒婚床及新人。撒时并伴有有祝颂的喜歌，使洞房内笑声阵阵，喜气洋洋。

“撒帐”一般由妇女行之，而南宋则采用“礼官”主持，使“撒帐”风俗礼仪化了。《撒帐歌》的唱词往往按方位或按数字排列，便于民间艺人记忆，在当代农村中仍能搜集到，且流传着多种异文。例如，《中国民间文学集成·高淳县资料本》（1989 年铅印本）收录了 1988 年在南京高淳区搜集到的《撒帐歌》唱曰：

> 撒帐东，一对喜鹊起芙蓉，喜鹊站在梅枝上，观赏春风大不同。
> 撒帐南，一对黄莺进花园，人人都赞鸳鸯鸟，哪知黄莺送石榴。
> 撒帐西，锦绣凤凰配金鸡，意是半夜三更静，玉簪拨动牡丹心。
> 撒帐北，一双金鸡交颈式，夫妻交拜两和合，生下孩童似贵客。
> ……

此外，《中国民间文学集成·高淳县资料本》（1989 年铅印本）收录了徐随玉于 1987 年 10 月在高淳丹湖乡花中村采录到的《十撒果》，是按数字顺序排列的婚礼撒帐歌。其歌为：

一撒果，新婚夫妇在新房，
二撒果，两朵鲜花放光芒，
三撒果，三杯玉酒贺新郎，
四撒果，四方花轿抬新娘，
五撒果，五子登科在朝堂，
六撒果，六国苏秦为丞相，
七撒果，七位仙女陪新娘，
八撒果，八洞神仙常来往，
十撒果，十代儿孙保朝纲。

传说，撒帐之事始于汉武帝。宋朝高承的《事物纪原》说：“李夫人初至，帝迎入帐中共坐，欢饮之后，预戒宫人遥撒五色同心花果，帝与夫人以衣裾盛之，云得果多，得子多也。”当时的撒帐是为了“得子”，因所撒均为籽实类之果，帝与夫人以衣裾盛之，乃出于以籽感子的巫术观念。同时，因所撒为“同心花果”，亦含对夫妇相守好合的祝颂。从仪式活动看，它又是一种卜戏行为，即以接得的籽实多寡来占验今后的子嗣数，但又不是严肃的占卜活动，而表现为游戏的性质。由于谷物蕴含生命，在古人观念中有驱邪避煞之性，因此撒帐亦含有退煞的隐义。

在近古以来的风俗中，撒帐是一项助兴添乐的婚礼活动，人们用叠加的吉语表达对新人的称颂与祝福，并以欢快的场面把婚礼推向了高潮。

嫁女多闻哭嫁歌

在婚嫁礼俗中，“哭嫁”曾是一普遍的文化现象，在南京城区清朝以来已逐渐消亡，但在高淳区的一些乡镇，直到20年前还有《哭嫁歌》伴随着当地的婚俗在传承。“哭嫁”的功能指向很复杂，既有传统礼俗的因袭，又有实际的情感表达的需要，还有对新娘的劝诫、教育、感化的用途。

“哭嫁”一般在出嫁前三天开始，主要由即将离家的新娘和她母亲的边哭边唱为主，有时家中的其他亲人也会参加进来。其中，母亲所唱的《哭嫁歌》，除了表达情牵不舍之外，主要是利用这最后的时机，借助明喻和暗示的方式，对即将出阁的女儿予以教诲和叮咛，以表达母女间的深情和爱意。《高淳风俗》（高淳县政协宣教文卫委员会编，2005年铅印本）中收录了由濮阳康京在高淳搜集的在“坐嫁椅”时娘的哭嫁词唱道：

美头乖乖啊！你一进婆家村，遍地出黄金；
你一进婆家巷，通村飞来金凤凰；
你一进婆家门，脚脚踏的聚宝盆。
美头乖乖啊！你与人相处要个个好。
尊敬老人爱护小，勤快嘴紧要记牢；
你把公婆敬到了功，大树底下好遮阴；
你把丈夫敬到了功，夫妻恩爱没人欺；
你把大爷小叔敬到了功，全家和睦永不分；
你把邻居敬到了功，互帮互助成一统；
你把亲朋好友敬到了功，常来常往情理通。
美头乖乖啊！办事心要细啊，说话莫过头呵，
见了重活要跑前头，洗衣浆裳要赶日头，烧锅弄饭要赶餐头！

这首《哭嫁歌》虽朴实无华，但其教化作用却十分明显。

新娘所唱的《哭嫁歌》，多表现对娘家的依恋、对父母的牵挂、对婚后生活的担忧、对娘家富足的祝愿等。《高淳风俗》收录的另一首《哭嫁歌》表达了新娘依恋娘家，不想出嫁的复杂情感：

今朝好时好日又好天，喜事成双千把千，我娘要我苦命抢什么先！

我娘喊我第一声，我耳朵装聋没听见；我娘喊我第二声，我翻过身来朝床里边；我娘催我第三声，我爬爬起来焐床沿。

亲娘啊，草头上露水还没干，树上的雀鸟还未飞，街上的店门还未开，早上进茶馆的没出来，我不吃早饭不起身，不吃中饭不上轿，不吃点心不进婆家门！

在这首《哭嫁歌》中，我们能感受到新娘在出嫁前对娘家的深沉的眷念。

杨兴诗 1988 年在高淳丹湖乡正觉寺搜集的民间歌谣《六样菜》(《中国民间文学集成·高淳县资料本》，1989 年铅印本)，是一首祝福娘家兴旺发达的《哭嫁歌》。其歌词如下：

一块猪肉四角方，把我大哥小哥吃了开砻坊，
大砻坊开在高淳县，小砻坊开在家门旁，
十八部砻担吊在二串枋，十八部砻担排满一条巷。
金玉石臼有两张，乌金打头配成双，
打出籼米白似霜，打出糯米亮汪汪。
一粒圆子滴滴圆，把我大哥小哥吃了中状元，
状元头上一点红，穿靴戴顶上我门。
一块蛋糕两头尖，把我哥妹吃了开染店，
染店门口挂招牌，四面八方送布来，
染的蓝布像洋青，染的黑布像洋缎，
染的红绿都好看，染的印花光闪闪。
一条鱼来两面黄，把我哥妹吃了置田庄，

鱼眼睛弹一弹，买田要上万，
鱼骨头落了地，买田又置地，
买地要买金龙地，金龙地上出凤凰，
凤凰抬头高声叫，金银财宝用担挑。
一块鸡肉细漾漾，把我哥哥吃了开钱庄，
财神菩萨来帮忙，开了钱庄开银行。
一盘盘菜盘得清，盘菜上面加金针，
一根金针三寸长，没哪家婆婆亲似娘。

从歌词吉祥祝福的字里行间，我们不难看到新娘对娘家的无法割舍的深情和发自肺腑的祝愿。《哭嫁歌》正是以赠别的方式，在伦理教化的同时，表达了血缘间的亲情。高淳的《哭嫁歌》作为非物质文化遗产，成为南京地区婚嫁礼俗中不可或缺的部分。

嫁女泼水上轿时

接亲那天，新郎经过漫长、焦急的等待，新娘终于被其哥哥或舅舅抱上了花轿。于是新郎向岳父母叩头谢恩，起身退回门外，正当要发出起轿的号令时，只见岳母端着一个盛有清水的铜盆快步跨出门外，并“哗——”的一声把水泼在花轿前，这叫作“嫁出去的女儿，泼出去的水”。这句话对南京人来说也耳熟能详，甚至至今还在人们的口头上讲传。

我们常听到人们解释说，嫁女儿泼水，是提醒女儿离开娘家后就像这水一样泼出去，收不回来了，要安心待在婆家，不要总念着回娘家；还有说，是祝愿女儿婚姻美满，婚礼顺利，不会中途遇阻而折返家中。甚至还有人愤愤不平地认为，这一习俗反映了中国父母对自己的女儿心太狠，至少是重男轻女陋习的一个表现。事实真相果真如此吗？

上述推测误解了这一习俗的发生情境和其作为婚礼仪式的功能动因。首先，母亲端出的水，本指洗澡水，即新娘出嫁前通常要香汤沐浴，洗澡水在大庭广众之下倒出门外不太雅观，就改成了清水一盆，而大澡盆母亲端不动，就换成了小铜盆。其次，此时女儿已坐入轿中，轿帘低垂，新娘看不到轿外的场景和母亲门外倒水的动作，仅能听到外面的一些动静而已。因此，这盆水不是倒给女儿看的，也不包含对女儿的训诫和叮咛。所以，现在人们的相关解释不符合这一民俗的功能实际。

这盆水显然是倒给新郎及其陪同迎亲的亲友们看的。这盆水及岳母轿前倒水的行为都有特定的象征意义。这盆水作为洗澡水的替代，它旨在说明，女儿已洗过澡了，其潜台词为：“女儿是干净的”，再引申为“女儿是贞洁的”。倒水的行动是一种无声的语言，它表现为一种寻求对话的架势，即岳母说“女儿是干净的，贞洁的”，并把水倒给女婿看，要求女婿马上做出回答，是相信，还是怀疑，不容含糊。

这其实是在商定一条社会契约。丈母娘说：“女儿是贞洁的。”女婿发令说：“起轿！”就等于回答岳母说：“好的，我相信。我同意您的说法。”这样，一份口头的社会契约就算签下来了。由于这一“商谈”

过程是当着街坊邻居或村民们的面公开进行的，因此它具有社会认同的法律效应。由于男方家已准备了喜宴，亲朋宾客已应约前来，因此，新郎在这种背景下不会疑虑，都会发令起轿，以表同意。

实际上这是母亲对女儿的最后保护，以防止男方以“不是处女”等诬陷之词来休妻。在社会公众面前达成的口头契约也是被普遍认可的，如果男方提出退婚、休妻，即使新娘不是处女，受到一致谴责的将是男方，而不是女方。因此，父母不是不要出嫁的女儿回家，而是抓住婚礼的这一特殊阶段与时机来保护女儿不受欺侮与伤害。这也体现了中国传统婚礼在男性主导的社会中对弱者一方的扶助。

寿神寿仙长寿观

长寿观就是生命观，我国自古便有“五福寿为先”之说。《尚书·洪范》载：“五福，一曰寿，二曰富，三曰康宁，四曰修好德，五曰考终命。”唐朝孔颖达解释道：“一曰寿，年得长也；二曰富，家丰财货也；三曰康宁，无疾病也；四曰修好德，性所好者，美德也；五曰考终命，成终长短之命，不横夭也。”这种将“寿”视作众福之首的观念，反映了我们民族始终抱有珍视生命、热爱生活的入世情怀，并投射到自己的风俗传统之中。

古有庄子拒楚王之请，愿在民间不做高官的故事，在他看来，高官厚禄不如长生长乐。秦始皇在扫灭六国之后，苦苦追求的是长生不死。秦始皇的传国玺上为李斯所写的“受命于天，既寿永昌”八个字，他派徐福入海寻找不死之药，以及服食丹药求永生，均反映了长寿观的影响。

由于“寿”的难能可贵，我国很早就形成了敬重老人的礼俗，西汉《王杖诏书令》称，凡年满七十的老人，朝廷均授予“王杖”。又由于寿者受到普遍的敬重，人们又把“寿”与“德”“善”“孝”等观念相提并论，并有“善必寿考，恶必早亡”之说。对那些缺德的、作恶的、不孝之徒，南京人信其会折寿减岁。过去，对短斤少两的不法商贩的诅咒也多拿“折寿”来警示。以前的市秤一斤为十六两，代表天上的十六颗星，即南斗六星、北斗七星和福、禄、寿三星，人们往往警告小商贩说：“少一两减福，少二两损禄，少三两折寿。”

长寿观的形成也离不开信仰的因素，在民间寿俗中，常见有寿神、寿仙的图像与相关的祭祈活动。

寿　星

寿星，又称“老人星”“南极老人星”“南极仙翁”。早在周代，已形成秋分时节在南郊祭祀寿星的制度，古人称，见则“天下大安”。

《尔雅》说，寿星为二十八宿中的角、亢二星。东方苍龙七宿位序为角、亢、氐、房、心、尾、箕，其中“角”“亢”列于首位，故有“数起角亢，列宿之长”之说。列于首位，也就是排行老大，老大则年长，年长则为有寿。这是角、亢二星成为“寿星”的文化逻辑。汉起以南极老人星为寿星，并被认为它与人寿、国命相联系。唐朝张守节说：“老人一星，在弧南，一曰南极，为人主占寿命延长之应。……见，国长命，故谓之寿昌，天下安宁；不见，人主忧也。”另唐朝司马贞也说：“寿星，盖南极老人星也。见则天下理安，故祠之，以祈福寿也。”由于管“寿命延长”，兆“国命长”，为“寿昌”之象，故老人星被奉为“寿星”，广受人们的祈祠。

到明朝，寿星虽已退出朝廷的祭祀，但在民间却广为流传，其图像以版画、瓷画、刺绣、木雕、砖雕、石雕等形式，随处可见。典型的寿星形象是额头硕大，皱纹道道，慈眉善目，胡须及腰，手捧仙桃，拄着龙杖，杖头挂着宝葫芦，旁有松、鹤、蝠、鹿等祥物相伴。寿星在南京的寿俗中最为常见，并作为吉祥符号在建筑、家具、器物上多有所用。

寿星图（高淳砖雕）

西王母

西王母，又称“西王金母”，本是中国神话中的西方大神，主刑杀、生死。关于她的形象，《山海经·西山经》载：“西王母其状如人，豹尾虎齿而善啸，蓬发戴胜，是司天之厉及五残。”另，《山海经·大荒西经》称她为“人面虎身文尾”之神。“虎齿”“虎身”与西王母的关联，透露出四神配置中西方为“虎”的秘密：虎口为地狱之门，能化生为死。西方为日落之方，是白昼与黑夜的交界面，也是文化观念中生与死的界线。因此，西王母可以杀生，也可以注生赐寿。她有三千年结一次实的蟠桃和不死之药，能使人益寿延年，永生不死。嫦娥偷吃了西王母的不死药而飞向了月宫，东方朔三次盗取了西王母的仙桃而成为“神仙”。传说，每当蟠桃成熟时，西王母就在瑶池举办“蟠桃盛会”，广邀各路神仙，于是为西王母庆寿又成为民间艺术表现的题材，其中，“八仙庆寿”“麻姑献寿”等最为常见。此外，在《穆天子传》中，写有周穆王到昆仑山拜见西王母的传说，周穆王带去了玉璧、锦缎、黄金作献礼，后来他活了一百多岁。这传说其实为向寿神乞寿的古俗记录。

西王母（汉画像石）

麻　姑

麻姑，又称“梅姑”，《古今图书集成》引《太平清话》说，麻姑又叫“黎琼仙”，是一个修道有成、飞升入仙的女子。传说，其年十八九，本是一“顶上作髻，余发散垂至腰”的美人。

据葛洪《神仙传》说，麻姑是东海建昌人，她的哥哥王方平精通“天文图谶河洛之要”，入山修道而成仙。麻姑身着绣衣，手爪似鸟，随兄修炼也成了仙人。她能穿着木屐在水上行走，还能把白米撒出去就变为丹砂。此外，有关麻姑的来历，《列仙全传》讲，麻姑是后赵将军麻秋之女。麻秋生性残暴，杀人如麻，民间称之为“麻胡”。有说是因为他长着大胡子，有说麻秋为北方胡人之故。直到今天，江淮一带人常用“麻胡来了”吓唬哭闹的孩子，让其安静。麻胡曾驱赶民夫筑城，昼夜不止，只有鸡鸣时才让稍稍歇一会儿。麻姑同情这些民夫，于是半夜时分学鸡叫，

麻姑（寿帖）

她一叫，群鸡跟着啼明，民夫们得以早点收工。不久麻秋知道了，就要惩罚自己的女儿，麻姑于是躲入仙姑洞中学道，终飞升成仙。

麻姑与“寿”的关联，一是因为她说自己已看见东海三次变为桑田，沧海桑田之变一次要千万年，可见麻姑已寿高无比；再一就是传说每年三月三日王母诞日，麻姑要在绛珠河用灵芝酿酒，以作为献给王母的寿礼，故形成“麻姑献寿”之说。《麻姑献寿》图在女寿星过寿时悬挂中堂，同时也是民间用以献给女寿星的寿礼之一。此图在南京多有所见，南京民俗博物馆曾在友恭堂常年悬挂，在高淳薛城花台会的花台藻井上亦见有麻姑的图画。

寿桃寿面说寿礼

《庄子·盗跖》曰："人，上寿百岁，中寿八十，下寿六十。"人届六十，才有"过寿"之说，民间较隆重的寿礼正是从六十岁开始的。旧时南京人家每逢六十以上的"整生日"，就会操办一番，一般要设置寿堂，挂上大红的寿幛，金书寿屏，寿烛高烧，宾朋云集致贺，主家大张寿筵。庆寿的酒宴各有名称，六十岁称"甲子酒"，七十岁称"古稀酒"，八十岁、九十岁称"耄耋酒"，百岁寿筵称"期颐酒"。前来贺寿的亲友们照例要带上一份贺礼，其种类多样。客人往往以寿诗、寿联、寿屏、寿幛为贺礼，亦有赠送"八仙庆寿""麻姑献寿""寿星老人""东方朔盗桃""百寿图"等题材的图画者。女儿回娘家贺寿，要送衣服、鞋帽、寿面等，过去在南京郊区逢岳父母大寿女婿要准备八盒盒装的礼品。亲戚多送寿幛、寿桃、糕点等物。寿堂的寿案上，往往祭供寿星的纸马，除点着寿香、寿烛外，还有寿桃、寿面的供放。

在寿诞礼俗中，寿桃、寿面、寿联、寿匾、寿图、寿钱等都是常见的寿礼。

寿桃、寿面

寿桃、寿面既是寿堂上的供品，也是人们用以祝寿贺寿的礼品。

所谓"寿桃"，系用面粉蒸制，形似桃子，其顶端染成红色，其下部略带点绿色，俨然鲜桃一般。供在寿堂里的寿桃，共放三盘，每盘九个，取阳数之吉，并堆成塔形。宾客前来贺寿，或以寿桃为贺拜之礼，或由寿星用作回赠之物。在乡村，有贴寿桃剪纸的人家，以渲染贺寿的气氛。

寿桃（剪纸）

面桃作为诞仪的寿礼，乃基于桃能延年益寿，桃本神仙食物的文化理解。汉朝东方朔《神异经·东荒经》载：“东方有树，高五十丈，叶长八尺，名曰桃。其子径三尺二寸，小核味和，和核羹食之，令人益寿。”此外，《神农经》也载：“玉桃，服之长生不死。若不得早服，临死日服之，其尸毕天地不朽。”桃能使生者延年益寿，也能使死者亡而不朽，是因为它有内在的、永恒的生命力。据神话讲，这种生命力源于其本身漫长的生长周期，并有“三千年一生实”和“万岁一实”的不同说法。

神话传说中的桃树因年岁之长、永生不死，被古人称作“仙木”。唐朝徐坚《初学记》卷28引《典术》说：“桃者，五木之精也。故压伏邪气，制百鬼，故今人作桃符著门以压邪。此仙木也。”人们由“仙木”联想到“仙人”，而仙人本长生不老，因此桃子就成了长寿的象征。

贺寿做“寿桃”、赠“寿桃”的风俗至今在南京郊区仍见传承。这个源于神话传说的古老风俗取义吉祥，在一定程度上也反映了入世乐生的民族精神。

寿面作为寿礼，亦有吉祥的含义。用作寿礼的面条一般长度在三尺以上，每百根为一束，并盘叠为塔形，上面盖着印有吉祥图案和贺寿吉语的红绿纸，以作为长命百岁、步步登高的祝颂。

过寿送面条、吃面条，还因为面条多根并合，在碗中左右盘叠起来，有似吉祥图案之一的“盘长纹”，意表“幸福无边”。此外，传说东方朔在谈及彭祖何以活到八百岁时说道，是因为彭祖脸长。因“脸”又可说成“面”，因此，“脸长”也就是“面长”。这样，长长的面条便与彭祖的长脸有了联系，进而与他的长寿有了关联，从而使寻常的食物成为人所钟爱的寿礼，并被当作了佑生延寿的祥物。

寿诗、寿联

诗词、联句、匾额等也是从前常见的以文字致贺的寿礼，又分别称做寿诗、寿词、寿联和寿匾。

寿诗在唐朝已见于寿诞贺礼，因“在心为志，发言为诗”，献寿诗是表心迹、寄情感的最好礼物。民间素有“君子赠人以言，小人赠人以财”之说，故献寿诗能显示君子的风雅，也是十分得体的贺寿方式。寿诗一般以神仙典故和吉祥事物入诗，洋溢褒美、祝福的基调。

寿联在南京的高淳、溧水等区仍作寿礼之用。写寿联的红纸上往往撒有金粉、银粉或隐约勾画的金银线纹图案，并裱成长轴，上有题款，作为贺寿的礼物。寿联一般用墨笔书写，其内容有男寿、女寿、双寿的区别。例如，男用寿联有："身似西方无量佛，寿如南极老人星"；"庆他白发头中满，祝喜青云足下生"；"延年人种神仙草，纪算翁开甲子花"等。女用寿联有："萱草千年绿，桃花万树红"；"瑶池春不老，寿伶日开祥"；等等。双寿联有："堂上椿萱夸茂盛，壶中日月庆双辉"；"丹凤迎来王母使，青牛驾付老君书"；等等。此外，对不同的年龄，寿联的内容还有所变化。

旧时南京过寿，亦有送匾额者，以表祝贺。寿匾上往往四个大字，尽为吉祥祝颂之语。例如"洪福齐天""福如东海""寿比南山""松鹤延年""福寿齐全""福寿双全""海屋添筹""海筹添寿""龟鹤献杯""龟鹤齐寿""兰桂齐芳""乃福乃寿""延年益寿""椿萱并茂""寿山福海""万代长青"等。

庆寿图、祝寿钱

在南京民间的寿诞礼俗中，庆寿图也是过去常见的贺寿礼物，主家用以装饰自家的厅堂和居室，营造和渲染喜庆的气氛。

"庆寿图"有手绘、版印、刺绣、机织等多种加工制作方式，其题材多为吉神灵仙、祥瑞动物、古木奇树、名果瑞草、吉祥文字等，并大多以神话、传说为其背景。

东方朔盗桃

"庆寿图"中常见的作品有：以手捧仙桃的拄杖老人为中心构图，以鹿、鹤为陪衬的"寿星图"；以年轻貌美的女子手捧仙桃、灵芝或仙酒的"麻姑献寿图"；以老者扛桃枝回首疾走的"东方朔盗桃图"；以八仙群出渡海、各显神通的"八仙庆寿图"；以一百个字体各异、笔画不同的"寿"字所组合而成的"百寿图"；以老猫、蝴蝶相戏为构图的"耄耋图"；以鸾鸟捧桃为图样的"青鸾献寿图"；以灵芝、

龟鹤齐寿（花钱）

灵仙祝寿图（云锦）

仙鹤、仙桃、祥云为构图的“灵仙祝寿图”；等等。

所谓“祝寿钱”，是用于贺寿的吉祥花钱，它以钱面所铸的吉文吉语和灵仙神物，表达人们对长生长寿的祝愿与追求。在祝寿花钱上铸印的铭文有：“福如东海”“寿比南山”“长命富贵”“福寿双全”“富贵寿考”“长乐未央”“一门吉庆”“四季平安”“龟鹤齐寿”“一人有庆”“万寿无疆”“长命富贵”“金玉满堂”等。此外，铸有图像的祝寿钱，以神仙、吉物组成各有寓意的主题，例如“福禄寿喜”“松鹤灵龟”“十二生肖”等。

游乐风俗

游乐风俗指民间的游戏与赏乐的各种传承性活动，它包括儿童游戏、民间游艺等方面，涉及儿童与成人的多个生活领域，并以愉悦和满足为基本的功能追求。游乐风俗在轻松的游戏活动中，发挥着人的创造与想象，主要通过动态的方式把个人与社会、人群与自然、现实与想象、游乐与教化、认知与创造等联结起来，具有怡情、益智、健体、探索、教化等引导作用。

游乐风俗在促进游乐者和谐、团结、欢愉的同时，还引导他们对自然与社会加以关注，培养宽广的心胸与彼此合作的精神，启迪探索的心智和集体维护的观念。

南京的游乐风俗丰富多彩，往往不需要广阔的场地和昂贵的器具，多因陋就简，实用为先。玩具主要取自自然，或动手制作，参与者在游戏中相互教习，同欢共乐。

在儿童游戏方面，有不少历史内涵丰厚、地方特征鲜明的活动，例如，掘地槽、击木棒的“击棒壤”（近代俗称“打梭”）；再如，儿童们念诵“城门城门几丈高？三十六丈高……”的歌谣进行的“官兵捉强盗”游戏；等等，都与民俗生活或南京风物联系在一起，潜含着深厚的历史文化信息。

南京的民间游艺包括种花、养鸟、斗鱼、斗蟋蟀、养虫、收藏、鉴赏、郊游、聚会等活动。例如雨花石的赏玩收藏、“春牛首，秋栖霞”的郊外踏游远足等，都具有南京的地域特征和浓郁的文化艺术内涵，能展现出南京风俗的独特魅力。

儿童游戏

孩童游戏趣味多

南京是儿童游戏的大世界，街坊邻居的孩子们凑在一起，总有不少相互取乐的法子，都会玩得一个个笑脸盈盈。南京孩童的游戏大体上也有季节性的自然划分，可谓一年玩到头。童年的快乐，就大多数孩子来说，不是来自吃好的、穿新的，而是来自小伙伴们之间的各种游戏。

南京孩童们在春季里，主要游戏有放风筝、捉小鱼、捞蝌蚪、斗草、抖空竹（抖嗡）等；夏季里的游戏主要有游泳、捉蟋蟀、斗蟋蟀、粘知了、抓金壳螂、逮蚂蚱、兜蜻蜓、养蝈蝈、捉萤火虫和金铃子等；秋季里的游戏主要有击棒壤（打梭）、斗蓖麻籽、捉石蟹、玩橘子炮等；冬季的游戏则有挤油渣、斗鸡子、踢毽子、跳绳、抽陀螺、跳房子（格房子）等。

此外，在南京还有很多不分季节，或季节性不强的游戏活动，例如：官兵捉强盗、丢石子或沙包、打弹子、拍洋画、飘洋画、跳牛筋、滚铁环、下棋、打牌、挑金银棒、折纸、做活动人、打元宝、打杏核、解绷绷、做蚕豆人、翻跟头、竖蜻蜓、抓手指、丢手绢、贴烧饼、躲猫猫、打水枪、看万花筒、拍屁股、扮"矮子兵"等。

春天里，南京城南的孩子们喜欢到白鹭洲或雨花台的池塘、小河中捉小鱼和蝌蚪，用瓶子装着带回家中喂养。他们还会顺便采摘水边的新芦柴杆，并扒开芦秆，小心翼翼地取下黏附在管壁上的薄膜，带回去做吹笛子时用的"笛膜"。至于"斗草"，主要是"武斗"，即用树叶或草的茎相互交叉后用力拉扯，以断茎者为败。

到了夏季，孩子们主要是拿昆虫类的小动物作为玩具，有的观咬斗，有的听鸣叫，有的让飞舞，各有其趣。捉蟋蟀曾是普遍的夏日活动。蟋蟀捕捉后要精心蓄养，以观斗为乐趣。与蟋蟀相类的还有油葫芦、棺材头、飞蜓等，其中"棺材头"不可捉回，旧说误带回家会有死亡的凶殃。"油葫芦"圆头肥身，头上有白眉线，比蟋蟀体大，肉黑，不会斗，会飞，叫声圆润，比较悦耳，但小孩们捉它主要是用来喂鸡。"飞蜓"比蟋蟀小，肉黑，会飞会蹦，鸣声轻短，不及蟋蟀、油葫芦鸣声悦耳，故多不加捕捉。

抖嗡

“金壳郎”又叫“金龟子”，是背壳泛金色的甲虫，泛绿色者叫“银壳郎”，而泛黄色者，叫“屎壳郎”。孩子们捉到金壳郎，用棉线扣着它的脖子，牵着绳头让它飞舞，并跟着跑，若它不飞，南京的小孩们会这样训斥它：“金壳郎，银壳郎，你不飞，是屎壳郎！”

秋季里蓖麻籽成熟了，枯黄的蓖麻果张开了裂口，露出了带花纹的籽实，孩子们又有了新的植物玩具。他们采集一些蓖麻籽后，就两两捉对比斗，各人用双手抱拳捏着一粒蓖麻籽，使圆头外露，相互挤压，以破者为败。这叫作“斗蓖麻籽”。“捉石蟹”，一般在外秦淮河畔，尤其在雨花门到中华门一线，临近水面的河床大石块下往往躲着小螃蟹，只要翻开石块，就有小螃蟹快速爬出。孩童们捉螃蟹不为美餐，其捕捉过程对他们来说，就是充满惊喜的游戏。秋天橘子上市了，橘子皮也成了游戏的材料，成了“橘子炮”的子弹来源。“橘子炮”系用鹅毛管制成，剪成二寸长左右，削一根圆圆的小竹棍，正好能插入管中。鹅毛管大小两头各嵌入橘子皮，小竹棍从大头顶入，借鹅毛管中空气的压缩把小头处的橘子皮射出，然后再用大头继续嵌入橘子皮，如此反复游戏。

冬天天气严寒，孩童的游戏多以取暖为目的，同时又有参与的快乐。“挤油渣”，一般在靠墙晒太阳时进行，一排人分作两边，各用肩膀横着向中心挤压，谁挤出来后再回到排尾去继续挤，以达到游戏与取暖的目的。“斗鸡子”，又叫“撞拐”，可两人斗，也可众人群斗。玩法是各人双手抱住一只腿脚，相互用抱起的膝盖碰撞，站立不稳，双脚落地者为败。“踢毽子”，可一人、两人、数人玩，以动作多样、毽不着地为胜。踢毽子的动作根据踢的部位不同，有“弦、踢、拐、帮、拱、拎、盘、跳”等基本动作。毽子用方孔铜钱、鹅毛管、布头缝制而成，再插上公鸡毛即可游戏，是古今孩童都喜爱的简易玩具。“抽陀螺”，又叫“抽下流胚”，即它不抽不转。抽陀螺需要在平整的地面，最好是在水泥地上，陀螺的阻力小，转的时间就较长。“抽陀螺”一般用鞭子抽，当数十个孩子凑在一起玩时，只听到鞭声阵阵和陀螺的钢珠在水泥地面旋转时所发出的“嘎嘎、吱吱”的声响，十分热闹。

“官兵捉强盗”的游戏有多种，其中有一种用城门来关住强盗。游戏时两个小孩对面站着，两手相互抓着高举过头，搭起了一座城门。扮“强盗”的孩子一般四五个手牵手地从“城门”下穿过，他们边走，边齐声念道：“城门城门几丈高？三十六丈高。骑花马，带把刀，走进城门抄一抄！”当念到最后一个“抄”字时，做城门的两副臂膀突然垂落下来，总能逮住一个“强盗”。这一游戏因以高大的南京城门做游戏背景，故最具有南京的地域文化特色。

“打弹子”，即以小玻璃花球作玩具，在地面上追打。它由两人游戏，一人先将弹子扔在地上，另一人用食指、中指和拇指握着自己的玻璃弹子，瞄准地上玩伴的弹子用拇指将自己手中的弹子弹射出去，若击中对方弹子为胜。若未击中，对手捡起自己的弹子在原地瞄准另一个弹子射出，如此追击下去，直到有人击中目标，游戏再从头开始。这种玩法，又叫“追弹”。此外，还有在土地上掘一小槽，玩者在十步开外画一道线，各人从线外依次用拇指瞄准地槽推射弹子，看谁的弹子能落入槽中，以决优胜。

“拍洋画”，即用一寸左右宽、一寸半到二寸左右长的小画片作玩具。这种小画片往往成版地印制，一版数十枚，内容有《水浒传》《西游记》等小说故事，也有各地名胜风物等。“拍洋画”是把一张或多张洋画放在桌上、石板上，画面向下扣着，玩者用手拍击洋画的侧面，让产生的风力掀翻洋画，使其画面朝上为赢。至于“飘洋画”，又叫“飘扬”，由玩者各拿一张洋画用食指按在墙壁的某一高度上，然后轻轻松开，洋画在下落时翻滚飘动，看谁的洋画落得离墙壁最远，谁赢。

“解绷绷”，为绳戏。一般用纳鞋底的粗线来玩，取二三尺长左右，绳头连接起来，两手掌相对绕在手上，并用中指挑起细绳。玩伴用手指根据绳结用不同方式接过全绳，并改变了绳结的构图样式，然后对方再重新接手，谁使绳成死结或散掉谁败。绳结有的相互拉动而不散，儿童们这时喜欢玩“拉锯”，一人牵着一个绳头不断拉动，口中一齐喊着：“拉大锯！拉大锯！”小小一根绳能让他们玩得十分开心。

手戏也是常见的游戏方式，借着光影，两手的配合能变出马头、狐狸、兔子等影子，对小儿童来说，既有趣又神秘。此外，手指的配合，还能编出有情趣的故事。例如，南京人逗少儿玩，会用两手的拇指捏着中指和无名指，然后左手背朝上，右手心朝上，左手的食指穿入右手，右手的小指穿入左手放在其手心处，左手的小指与右手的食指相接，游戏就可伴随口诀开始了。口诀为："三匹白马向前走，三个老头喝烧酒，两个小鬼打一架，王妈妈出来拉一架，小鸡鸡在后头偷锅巴。"每一句话都有相应的手指在动，总共10个指头全有说法。孩子们闻见后很觉新奇，于是纷纷模仿。

"做蚕豆人"，主要是做"美国兵"：选用新鲜的青蚕豆，剥去带黑嘴的部分，让大头向下，露出的豆子芽尖像鼻子，两个豆瓣的下部像下巴，上半部留下五分之二的蚕豆皮以像钢盔，就做成了一个"蚕豆人"。

"抓手指"的游戏是锻炼孩子的机敏，它的玩法是：大人或大孩子伸出一只手，手掌向下，让几个小孩用食指从下方顶着这手掌，然后唱念道："顶指顶锅，找米下锅，一把抓着哪一个？嘿，嘿，嘿！"当第三个"嘿"发出后，小孩的小手指要赶紧逃离，那伸出的手掌会立即握成拳，机灵的孩子早已撤离，反应迟缓的手指则可能被抓到。

秋成报社击棒壤

“击棒壤”又称“击壤”“打枨枨”“抛堶”，南京人俗称“打梭”。作为一种古老的游戏活动，自汉朝以来一直传承，直到20世纪50年代在南京的少儿间仍普遍流行。“击壤”既是一种传自古代的“野老之戏”，又是谢土报社的俗信活动，同时还是一项有趣的儿童游戏。

“击壤”之“壤”由木板或木棍制成，一长一短两根。古代作为玩具的“壤子”较宽，并呈鞋底状，到明清以后则以棒状的形式在民间流传。关于“壤”的形制及魏晋时的玩法，《太平御览》卷755引魏邯郸淳《艺经》载：

> 壤，以木为之，前广后锐，长尺四，阔三寸，其形如履。将戏，先侧一壤于地，遥于三四十步，以手中壤敲之，中者为上。

可见，在三国时期“壤”为履形，以投掷击中者为优胜。

明清以来，南京成了“击棒壤”的主要传承地之一，并流行着这样的“秣陵童谣”：“杨柳儿青，放风筝；杨柳儿黄，击棒壤。”童谣透露出两个新的文化信息：其一，它在南京是于“杨柳儿黄”的时节所进行的游戏，即秋令的游乐活动；其二，游戏中玩具的名称为“棒壤”，即所击之壤子不再为履形，而为圆形的棍棒状。

“击棒壤”之戏曾在南京的小学生中盛行，是一项虽简易却也需要比智斗巧的动态游戏。它之所以俗称“打梭”，乃因短棒长三寸左右，两头略尖，形似机梭，而被击中时其行快疾，如梭在飞之故。此外，明清时期，南京织宁缎和云锦的机业十分发达，人们接触机梭较多，也易诱发视棒为梭的联想。游戏中的梭棒一般用树棍制成，一长一短，长棒约1尺至1尺2寸，短棒约3至5寸左右。

游戏由二人进行，或多人轮流上场。场地多选街巷空地、操场或广场，一般需要有土壤的地面，不选石板路或水泥地面。游戏的玩法较复杂，步骤较多，以分数的累计定胜负，一般先议定总分为多少，先达到者为胜。游戏前先选择场地，并在地上纵向掘出一个长约3至4寸、宽约1寸至1寸半的地槽，槽底呈弧面，中心最低处不超过1寸，槽外画上一个圆圈，地槽处在圈内的中心位置，圈的半径一般不超过长棒的长度。

游戏第一步，名为“挑梭”，即将短棒横置于圈内的地槽之上，游戏者双手紧握长棒，并将长棒的一端插于短棒之下，当游戏对手站在一二十步开外做好接梭的准备之后，主玩者便用力向前挑出短梭，对手要努力在空中接住它。接住后，玩者下台，攻守易位；若没接住，玩者将长棒横放在圈内的任何位置，让对手从短棒的落点处向圈内投掷，若击中长棒，玩者下台，击不中，就用长棒丈量它的位置与圈边的距离，有一长棒长就得一分。

第二步，名为“抽梭”，由玩者手握长梭，其拇指、食指捏着短梭，身子的侧面对着前方，然后将短梭轻轻向上抛起，并在空中用长棒击它，若击空，就下台。击中而对手没能接着，就由对手从它落下后的位置向地槽扔来，此时玩者用长梭守护地槽，可在空中击走扔来的短梭，若没挡住，且短梭落入地槽圈内，玩者下台；若挡在了圈外，就用长棒沿直线向槽圈量去，有几棒就再得几分，与上一步得分累计。

第三步，名为“天梭”，即手握长棒，虎口向上，短梭置于虎口处长棒上，玩者轻轻向上抛起短梭，用长梭向上在空中击打短梭，击得次数越多越好，对手若在空中接不到，玩者就可计分。不过，短梭落点到槽圈边缘若不及一长梭，就没有得分，若短梭落入圈内，就得立即下台。打梭一下称“斗一”，打两下称“斗二”，打三下称“斗三”……“斗一”的量数是“一、二、三……”按个位数递增计数；“斗二”则用“一五、一拾、拾伍、贰拾……”的伍进制计数；“斗三”取拾进位，即“一拾、贰拾……”地计数。

第四步，名为“地梭”，即玩者手握长梭，短梭置于长梭之下，抛起后要向下打击短梭，并从落点处向槽圈量棒数得分，计分法如“天梭”，击一下，按个位数计分；击两下，按“五”进位算。

第五步，名为“天地梭”。玩者手握长梭，将短梭置于虎口处长梭之上，然后轻轻抛起短梭，先向上击它一下，再向下击它。若对手没接住，就得分。计分方法为：只击了一下“天梭”，向下没击成，按个位数计分；

若完成了“天地梭”，则按“五”进位计分。

第六步，名为“打梭”，即把短梭置于地槽之内，让其斜倚地槽一端的槽口，并让短梭的三分之一左右露出地面，用长梭敲击短梭的外露部分，于是短梭飞旋而上，并在空中被击打，根据所击的次数，按单进位或五进位量计得分。至此，游戏步骤已完，若得分不到设定的总分，则让对手主打，自己接梭，等下一轮上台再继续挣分，以循环累计。

实际上，“击棒壤”除了游戏的性质，它还是一种变相的亲土祈社行为，以“斗一”“斗二”“斗三”的量数，以表达万担归仓的谢土报社的喜悦。或者说，谢社的俗信活动所具有的欢怡气氛，决定了它由乐神向娱人的转化，并最终形成了季节性的游戏。

古人以立春后第五个戊日为“春社”，以立秋后第五个戊日为“秋社”。春社祈神，而秋社谢神。这个“神”就是社稷，或“田祖”，或土地神。《风俗通义·祀典》引《孝经说》曰：“社者，土地之主，土地广博，不可遍敬，故封土以为社而祀之，报功也。”“击壤”不是“封土”，而是掘土；不是献祭，而是献歌或献乐。《诗经·小雅·甫田》有“琴瑟击鼓，以御田祖，以祈甘雨，以介我稷黍，以谷我士女”句，也是以娱乐的方式祭奉土地，以祈风调雨顺、五谷丰昌。因此，“击壤”同“击鼓”相类，也是一种动态的乐神行为。不过，击壤有其季节性，即“杨柳儿黄”时的亲土活动，它以斗量计数的方式，褒美丰足安定的农家生活，

土地神（高淳纸马）

以酬神谢土，并寄托着来年获佑的愿望。

“击壤”在其传习过程中已逐步淡化掉俗信的成分，而主要作为一种古代游戏形式而传承于后世民间。不过，作为文化遗产，它仍潜含着早期的社会文化信息。就南京的“击棒壤”而言，它既沿袭着汉代以来的基本形态，又不同于北方地区在春季“打柭儿”的做法（北京谣谚说：“杨柳儿活，抽陀螺；杨柳儿青，放空钟；杨柳儿死，踢毽子；杨柳发芽儿，打柭儿。”〔明朝刘侗《帝京景物略》卷2《城东内外·春场》〕），形成了“杨柳儿黄击棒壤”的宁地传统和规则复杂的比智斗巧的儿童游戏。

南京的儿歌童谣

在南京流传着不少儿歌童谣，大多具有游戏的性质，也构成了语言类南京风俗的一个有趣的方面。南京儿歌童谣有的传布乡土知识，有的配合游戏进行，有的记录岁时节日，有的批评讽刺，有的益智逗乐，对儿童、少年不乏寓教于乐的作用。由于社会生活的变迁，一些歌谣已渐行渐远，逐步退出了当代生活，但作为文化遗产却有着重新发掘、研究的价值。

南京儿歌童谣中有不少传承历史久远、影响范围广阔的民间作品。例如《三岁娃娃会唱歌》：

红公鸡，尾巴拖，
三岁娃娃会唱歌，
不是爹娘教我的，
自己聪明会唱歌。

这首歌谣早在明初已随南京的戍屯移民传播到甘肃等西部地区，已被当地文化工作者采录并视作传统的民间作品。

南京的儿歌童谣是知识传播、语言教习、思考启迪与幻想诱发的材料。如“数字地名歌”教孩子们数数，并了解南京的老地名：

一枝园，
二郎庙，
三山街，
四象桥，
五马街，
六角井，
七家湾，

八府塘，
九龙桥，
十字街。

夏秋仰望明月星空所说的《月亮月亮巴巴》，能启迪孩子们的神思遐想：

月亮月亮巴巴，
里头有个妈妈；
妈妈出来买菜，
里头有个老太；
老太出来烧香，
里头有个姑娘；
姑娘出来洗脚，
里头有个喜鹊；
喜鹊出来飞飞，
里头有个乌龟；
乌龟出来爬爬，
里头有个蛤蟆。

这首南京歌谣使用了顶针格，各句转承自然，中心词又不断重复，便于记忆和上口，同时月中的事物层出不穷，使孩子们感受到天空的神奇。

歌谣不仅本身就是民俗现象，在意义层面上也传播着民俗知识和文化信息。南京儿歌《我在张家学打铁》，就以拍掌游戏的方式传导岁时民俗信息。该游戏由二人进行，先摩手，再拍掌，同时一齐念道：

一摩金，二摩银，
三摩四摩打手心。
张打铁，李打铁，
打把刀，送姐姐，

姐姐留我歇，
我不歇，我在张家学打铁。
打铁打到正月正，
家家门口挂红灯；
打铁打到二月二，
家家开门接女儿；
打铁打到三月三，
荠菜花，赛牡丹；
打铁打到四月四，
一个铜钱四个字；
打铁打到五月五，
洋糖粽子敬老母；
打铁打到六月六，
蚊子叮，扇子扑；
打铁打到七月七，
七根鹅毛七杆笔；
打铁打到八月半，
家家户户杀鸡鸭；
打铁打到九月九，
九个老头喝烧酒；
打铁打到十月朝，
老子牵牛儿子吆；
打铁打到十一月，
里穿单衣外下雪；
打铁打到十二月，
杀猪宰羊忙过节。

南京儿歌童谣中还有不少逗趣、嘲讽的口头作品，能给人带来愉悦，并在嘲弄中发挥警示作用。逗趣的歌谣有“颠倒歌”，如《中国歌谣集成·江苏卷》（中国ISBN中心1998年版）收录的南京市区的《从来不说谎》：

从来不说谎，
三岁到湖广，
我在湖广楼上歇，
伸手勾着月。
隔壁吃螃蟹，
溅我一身血。

《中国歌谣集成·江苏卷》收录的流传于六合的《姐在房中头梳手》说：

姐在房中头梳手，
忽听门外人咬狗，
拾起狗来砸砖头，
又怕砖头咬了手，
从来不说颠倒话，
捎袋驮着驴子走。

除了逻辑颠倒，夸张的大话也有逗乐的效果，如《牛皮不是吹的》说：

牛皮不是吹的，
紫金山是我堆的。
牛皮不是造的，
长江水是我倒的。

至于嘲讽、取乐的童谣，有《赖学精》《大萝卜》《大头蚕》等。《赖学精》嘲讽逃学者："赖学精，巴天阴，下大雨，好开心。出太阳，打手心，挨木板，不照应。"此外，"大萝卜，二斤半，三斤柴火烧不烂"，"大头蚕，吃白食，不上山，冒黄浆"，等等，亦隐含对笨人或不成器者的嘲笑。

专事逗乐的歌谣还有《我们两个人好》之类："我们两个人好，我们两个人老，我们两个人聚钱买棉袄，冬天给我穿，夏天给你穿！我们两个人好，我们两个人老，我们两个人聚钱买小鸡，小鸡生蛋放你家，小鸡屙屎放我家，我到你家吃鸡蛋，你到我家吃鸡屎！”可见，歌谣已融入了儿童们的生活之中，成为他们体验和习得社会风俗的游戏式手段。

歌谣还有方言学习的功能，南京歌谣用老南京话来念才有韵味。笔者幼时曾多次听母亲说，太平天国失败时，为防止太平军将士混在百姓中逃脱，清军曾用一首南京童谣让每个出城的人来念，若不是南京话就杀头，因太平军多是广西人，他们就会因不掌握南京话的发音而败露。这首童谣是：“火刀、火石、火煤管，娃儿玩的花棒槌。”念“管”和“槌”时，按南京话念必须发儿化音。此外，南京的童谣中还有用外地方言念诵的，增进了南京孩子对外地的了解。例如，《阿拉要到上海去》说：“小弟弟，小妹妹，阿拉要到上海去。上海的苹果多来稀，阿拉吃苹果侬吃皮！”这首童谣是要用上海话念的，外地方言的传入与应用增广了南京娃的见识。

民间游艺

赏梅艺菊为风雅

南京作为历史文化名城，市民自古养成不少情趣高雅的游艺方式，尤其对赏花种草情有独钟。拿群体性户外活动说，春日赏梅、赏樱、赏海棠、赏桃花，夏日赏荷，秋日赏菊花、桂花，都是普遍参与的游艺活动。

南京赏梅活动的兴起不晚于六朝时期，到明清两代，赏梅的地点包括紫金山下的梅花山、雨花台东侧的梅岭岗，以及随园、瞻园、清凉寺、花神庙、灵谷寺、吉祥庵等十余处，近现代以来，又增加了古林公园等地。其中，钟山的万树梅花有“一望十余里”的气势。从南朝开始，南京人便有梅花盛开之际，聚众赏梅赋诗的雅兴，植梅、赏梅、探梅、咏梅早已成为南京的地方风俗。

梅花属蔷薇科落叶乔木，原产我国西南山区，系山谷中的野生树种，后广为种植，在南京及东南一带最为繁盛。关于梅花的品性，《花镜》说：“盖梅为天下尤物，……慕其香韵而称其清高。”人们喜爱梅花，首先是因为梅花为识春报春的瑞物。《事词类奇》云：“水陆草木之花，香而可爱者甚众，梅独先天下而春，故首及之。”

在南京做皇帝的梁简文帝酷爱梅花，他在《梅花赋》中称颂梅花有“识春”之性：

> 梅花特早，偏能识春，或承阳而发金，乍杂雪而被银，……标半落而飞空，香随风而远度……

梅花“识春”之性历来为文人称颂，元朝杨维桢有诗句“万花敢向雪中出，一树独先天下春”，也是咏梅的名句。

梅因其品质而成为“天下之尤物”。梅花之香是其优长之处，北魏贾思勰说：“梅花优于香，桃花优于色。”古人在种梅、赏梅的过程中，提出了梅具“四德”“四贵”之说。《潜确类书》载：

> 梅具四德：初生蕊为元，开花为亨，结子为利，成熟为贞。梅有四贵：贵稀不贵繁，贵老不贵嫩，贵瘦不贵肥，贵含不贵开。

赏梅

将梅花与“元亨利贞”相连，是种梅、赏梅活动的道德化和哲学化，而“四贵”说则成为赏梅的审美标准。正是梅的自身条件与人的文化理解，使梅花成为人见人爱的“尤物”。宋朝范成大《梅谱前序》云：“梅，天下之尤物。无问智愚、贤不肖，莫敢有异议。”

直到现在，每到梅香四溢的春季，南京人到中山门外梅花山、雨花台旁梅岭岗、草场门附近的古林岗，以及溧水等郊区赏梅者，每日数以万计，络绎不绝，赏梅已成为南京地区最突出的春时游乐活动。

春季里玄武湖一带的樱花、莫愁湖的海棠花、栖霞山桃花涧和六合竹镇的桃花等，也都是南京人赏乐的去处和对象。南京的湖泊、池塘众多，夏季荷花红白相映，莲叶田田，莫愁湖等地是市民纳凉赏荷的好去处。到了凉爽的秋季，南京的特色花卉又迎来了新的花季，飘香的甘桂和斗艳的菊花又成了人们观赏的中心，其中尤其是菊花历来为南京人所钟爱。

南京人赏菊的风习由来已久，六朝时重阳节就有饮菊花酒和登高的风俗，晋朝南京人周处在其《风土记》中说，当时的“登高会”，又称“菊花会”。可见，菊花是六朝时南京的重要的民俗风物。南京人的培菊技艺高超，南朝时就已从黄色菊花培育出白色新种，到唐时增加到黄、白、紫三种，到宋朝，南京成为当时四大名菊产地之一。明朝时菊花品种已达300余种，茎分紫、赤、青、绿，花分单叶、千叶、有心、无心、有子、无子，色有黄、白、紫、红、绿、间色。在聚宝门（今中华门）外石子岗一带，为集中的种菊地，形成了“菊花台”的地名，而在鸡笼山后人多艺菊为业。民国以来，中山陵、玄武湖等处又成为南京菊花的培植和展示中心，到20世纪70年代以后，玄武湖已培育秋菊品种达600余种。（南京市地方志编纂委员会办公室编:《南京民俗志》，方志出版社2003年版）

菊花为多年生草本植物，秋季开花。菊花自古名称很多，有“日精”“节花”“延年”“阴成”“周盈”“帝女花”等别称，并有“延寿客”之谓。屈原《离骚》中有“朝饮木兰之坠露兮，夕餐秋菊之落英”句，把菊花称作是神仙的服食。在中国古籍中多有服菊升天一类的记述。《拾遗记》云:“背明国有紫菊，谓之日精。一茎一蔓，延及数亩。味甘，食者至死不饥渴。”范成大《范村菊谱序》云：“神农书以菊为养生上药，能轻身延年。南阳人饮其潭水，皆寿百岁。”

菊花除了被视作“养生上药”，还是传统节日重阳节的重要节物。九月九人们登高饮“菊花酒”，食“花糕”或“菊糕”，赏菊花。菊花不仅是重阳的节物，更是这一节日的标志。

“九”在中国的阳数中是最大的数，有“老阳”之称，故“九九”

菊花

被视作近日接天的日子。因此，菊花作为“日精”，是人们最乐于亲近的，因为菊花就是太阳的象征。日本天皇自视为太阳王，故其皇徽选用菊花，实际上就是选用太阳纹，这一文化象征的应用显然也来自中国的菊文化。

菊花自古受到农政的重视和文人的雅赞，除了总结出贮土、留种、分秧、登盆、理缉、护养的艺菊“六事”，并有“五美”的审美概括。宋朝史正志《史氏菊谱序》载：

> 圆华高悬，準天极也；纯黄不杂，后土色也；早植晚登，君子德也；冒霜吐颖，象劲直也；怀中体轻，神仙食也。

菊花作为具有“五美”的“太极之髓”和“日之精”，自然成为中国的名花，也是南京人爱菊、艺菊、赏菊的内在动力。

斗鱼养鸟玩石头

养鱼鸟、玩石头也构成了南京人游乐风俗的一个方面，其中也有一些独特的对象与内涵，成为南京乡土文化中的特色。诸如波斯鱼、比利鸟、雨花石等，它们在畜斗、驯养、赏玩等层面发挥着娱乐与满足的功用。

斗鱼同斗鸡、斗鹌鹑、斗蟋蟀等一样属博戏活动，主要见于我国南方，在宋朝亦有载述。宋朝张世南《游宦纪闻》说："三山溪中产小鱼，斑纹赤黑相间，里中儿豢之角胜负为博戏。"此种斗鱼之名为"丁斑鱼"，产于福建泉州一带。明朝陈懋仁《泉南杂志》载："斗鱼大如指，长二三寸，花身红尾，善斗。人家盆盎多畜之，呼为'丁斑鱼'。"此外，《泉州府志》也载："丁斑鱼生坑谷间，长仅二三寸，善斗。相遇辄腮鬣怒张，辗转交噬，移时不释。乡人多盆畜之，以角胜负。"

与泉州的丁斑鱼不同，南京的斗鱼为外来物种，其名为"波斯鱼"。据明朝顾起元《客座赘语》卷4载：

> 潘庚生《亘史》载宋文献公云，余客建业，见有畜波斯鱼者，俗讹为"师婆鱼"，其大如指，鬐具五采，两腮有小点如黛，性矫悍善斗。人以二缶畜之，折藕叶覆水面，饲以蚓、若蝇、及蚊。伺鱼吐泡叶畔，知其勇可用，乃贮水大缶，合之，各扬鬐鬣相鼓视，怒气所乘，体拳曲如弓，鳞甲变黑，久之忽作秋隼击，水声泙然鸣，溅珠上人衣，连数合复分。当合如矢激弦绝，不可遏，已而相纠缠，盘旋弗解。其或负，则胜者奋威逐之，负者惧，自掷缶外，视其身纯白云。

可见，斗鱼之戏在南京曾经存在过，作为古代的一项较特别的游乐性活动，间接地透露出南京与海上丝绸之路沿岸国家间文化交流的信息。

南京人除了喜欢种花，也颇爱养鸟。所养之鸟有画眉、黄莺、八哥、鹦鹉、蜡嘴、百灵鸟、虎皮鸟、芙蓉鸟、比利鸟等。人们把鸟关在笼中，养在庭院或挂于厅室，也喜欢集中放在茶馆中和树林里。其中的比利鸟，

画眉鸟

南京人称作“必利儿”，鸟的体型不大，但因叫声清亮且价格低廉，过去畜养者颇多。据《金陵琐志九种·炳烛里谈》卷中载：“九月间，有小雀由蛤变而来，俗名‘必利’。雄者色青，谓之‘青公’，笼而养之，至春日，鸣声清亮，一贯如缕者，曰言最耐人听。其雌而黄者，不能也，俗呼‘黄呆子’，只供衔旗打弹之玩而已。”所谓“由蛤变而来”的判断本不足为训，若说它在南京曾普遍为人喂养却毫不夸张。由于南京人爱养花鸟，早在百年前就形成了花鸟市场，成为推动游乐活动的重要空间。

玩石头也构成了南京人的游乐风俗。除了私家园林少不了叠石筑山，一般人家也爱以盆岛为玩，假山石是南京人家盆景、花坛上最常见的造景材料。南京的特色物产——雨花石，更是人见人爱，是既可观赏又可把玩的天赐灵石。所谓“雨花石”又称“玛瑙石”，包括产于雨花台、西善桥、江宁一带的五彩石，也包括出产于六合区灵岩山及江浦区等地的五色文石，但历史上以雨花台最为著名，其形成至少已有几百万年的历史。

关于“雨花石”的名称，在宋朝南京“玛瑙岗”所产的玛瑙石被称作“五色小石”，明朝则点明其地为“府南聚宝门外雨花台侧”。因玛瑙石产于“雨花台侧”，又称作“雨花台石”。明朝《正德江宁县志》载：“雨花台石，在聚宝山，其地亦名玛瑙岗。”“雨花石”的名称在明末即已形成，张岱《雨花石铭》说：“大父收藏雨花石，自余祖、余叔及余积三世，而得十三枚。奇形怪状，不可思议。”（转引自陈济明、吴福林、冯世治编著：《金陵掌故》，南京出版社1991年版）

雨花石的质地，分为透明、半透明、不透明三种。

按其矿物成分和岩石类型，雨花石可分为蛋白质雨花石、石英质雨花石、璧玉质雨花石、玛瑙质雨花石，以及由花岗岩、片岩等所形成的雨花石。远在新石器时期，南京的“北阴阳营人”就用雨花石随葬，说明他们对雨花石的钟爱。雨花石纹理飘逸，自然天成，后世收藏者们总结出“质、石、纹、形、美、巧、奇”的“七字经”，并把雨花石的珍品分为风景、人物、动物、花卉、器具、天象、文字、抽象等门类，按类收藏。（王桂芳主编:《金陵文化概观》，南京师范大学出版社1997年版）

雨花石

雨花石，色彩斑斓，晶莹剔透，形成图案或文字的彩石往往最被人们所喜爱，也最具观赏与把玩的作用。人们习惯于把雨花石养在水中，摆放几席，以随时赏乐。清朝陈作霖《金陵物产风土志》“本境矿物品考”载：“石，天然品也。雨花山所产多五色，雨后寻之，必获其佳者。碎玉零珠，可供几席之玩。彼粗丑之质，筑园亭者，以砌石道，固别有野趣焉。”除了赏玩，雨花石还供园林造景之用。在当今，雨花石作为南京的旅游纪念品已受到开发，被加工成串珠、项链等装饰物品。此外，作为南京的文化名片之一，它甚至被设计为2014年南京青奥会的吉祥物，其功能与影响伴随这一全球的文体盛会而更其扩大。

春牛首，秋栖霞

“春牛首，秋栖霞”是对南京的名胜及南京人郊游习俗的概括。牛首山在南郊，栖霞山在东郊，两山离城区一二十公里，成为常年困居城区的市民理想的踏游去处。熙游名胜构成了南京人的游乐风俗，其游览目的地，在清朝就曾被归纳出“金陵四十八景”，它们是：莫愁烟雨、祈泽池深、雨花说法、天界招提、凭虚远眺、永济江流、燕矶夕照、狮岭雄观、石城霁雪、钟阜晴云、龙江夜雨、牛首烟岚、珍珠浪涌、北湖烟柳、东山秋月、虎洞明曦、冶城西峙、赤石片矶、清凉问佛、嘉善闻经、杏村沽酒、桃渡临流、清溪九曲、凤凰三山、达摩古洞、甘露佳亭、长干故里、鹭洲二水、化龙丽地、来燕名堂、楼怀孙楚、台想昭明、长桥选妓、三宿名崖、祖堂振锡、幕府登高、报恩寺塔、神乐仙都、鸡笼云树、灵谷深松、秦淮渔唱、天印樵歌、商飚别馆、谢公古墩、献花清兴、木末风高、栖霞胜境、星岗落石。其中，“牛首烟岚”“祖堂振锡”“献花清兴”都在牛首山一带，而“栖霞胜境”即指栖霞山。

牛首山坐落在南京南郊 10 公里外，其双峰突起，形似牛首，故得名。相传晋元帝司马睿定都建康，建立东晋之后，欲在宣阳门外建双阙，王导为免大兴土木，遂指牛首双峰说：“此天阙也。”于是，司马睿打消了建阙的念头。另有传说讲，南朝时，高僧辟支和尚曾住西峰南坡的山洞里，并在此“立地成佛，上天为仙”，留下了胜迹——“佛窟洞”。南朝梁代曾在此修建佛窟寺，到唐贞观六年（632 年）牛首山成了佛教“牛头宗”的发祥地。唐大历九年（774 年）在东峰南坡建有七级八面的弘觉寺塔，塔高 30 余米，每面有壶门一座，小窗两扇，塔身砖砌，雕木飞檐，古朴壮观。该塔在明朝重修后，近年又作修复，蔚为壮观。

牛首山上有白龟池、虎跑泉、兜率岩、文殊洞、辟支洞、含虚阁、地涌泉、昭明太子饮马池、伏虎洞、神蛇洞、舍身台、摩崖石刻、沐英湖、弘觉寺塔、岳飞抗金故垒、南唐二陵、郑和墓等古迹名胜。牛首山适合一年四季旅游，但尤以春季为美。春季满山绿遍，鸟语花香，雨趣晴姿，气象万千，是南京市民探春、览胜、拜佛、游乐的美好境地。

栖霞山距南京市区 22 公里，传说山上盛产野参、当归、茯苓、首乌、甘草等药草，因有滋养摄生之效，故山名“摄山”。南朝时，齐望族明僧绍“明经有儒术”，先隐居山东崂山，聚徒讲学，后归建康（今南京），隐居摄山。在摄山结识法度和尚后，明僧绍捐出了自己的宅院，他因别号“栖霞”，该院就称作“栖霞精舍”，法度又将其改建为寺，成为栖霞寺的开端。南朝梁代大兴崇佛之风，栖霞山又被大加营建，并成为“南朝四百八十寺”中的著名寺院。唐高僧鉴真和尚第五次东渡失败后，曾于天宝十年（751 年）途经江宁，并被接往栖霞寺停留三日。栖霞寺几度易名，明太祖朱元璋敕赐“栖霞寺”之名后，沿用至今。乾隆皇帝六次下江南，曾五次驻跸栖霞山，并誉栖霞山为“第一金陵明秀山”。

栖霞寺

栖霞山以古寺、石窟、石塔、佛学、红叶而著称，是秋日赏景的名胜之地。栖霞山广植枫香、乌桕、槭树、栎树等色叶树，每到深秋，呈现出“栖霞丹枫”的胜景，是南京人出城秋游的首选。（南京市地方志编纂委员会办公室编：《南京民俗志》，方志出版社 2003 年版）“春牛首，秋栖霞”的游乐活动早已相沿成俗，成为观察南京人生活的特殊窗口。

秋兴娱乐斗蟋蟀

斗蟋蟀作为旧时南京的虫戏活动，直到20世纪50年代仍较普遍，每到秋季在大街小巷常见一团团人群聚观取乐，成为一种季节特征鲜明的岁时娱乐活动。

早在2000多年以前，蟋蟀就作为物候受到关注，并成为中国第一部诗集——《诗经》中的比兴对象。在《诗·唐风·蟋蟀》中有“蟋蟋在堂，岁聿其莫。今我不乐，日月其除”之句，把蟋蟀作为秋已至、岁将暮的物象，以引发及时行乐的联想。直到晋朝，蟋蟀仍作为岁时递迁的征候受到吟咏，卢谌《蟋蟀赋》中就有“候日月之代谢，知时运之斡迁”的歌叹。唐朝时，蟋蟀开始成为宫廷妃妾与市井庶民游戏闲玩的对象，五代王仁裕《开元天宝遗事》载：“每至秋时，宫中妃妾辈，皆以小金笼捉蟋蟀闭于笼中，置之枕函畔，夜听其声。庶民之家皆效之也。”

斗蟋蟀之戏亦勃兴于唐朝，宋朝陈櫄《负暄野录》曰：“斗蛩之戏，始于天宝间。长安富人刻象牙笼畜之，以万金付之一斗。”至宋宣和年间，斗蟋蟀已成为一项举国热衷的博戏。《宋史·贾似道传》载，贾似道在襄阳危急之时，曾与群妾踞地斗蟋蟀而误军机。后来，蒲松龄在《聊斋志异》中则写有《促织》篇，揭露“宫中尚促织之戏”，皇帝向民间索贡蟋蟀之事。而在民间文学作品中，还有《济公斗蛐蛐》的故事。作为当时风俗的写照，反映了斗蟋蟀闲戏的兴盛。

蟋蟀在古代中国有各种别称，除促织、蛐蛐外，还有蛬、蜻蛚、王孙、趣织、趋织、吟蛩、趋趋、蜜蜜、赚绩等名，民间还俗称“虫子”。

南京人沿袭古意，至今犹称蟋蟀为“趣织”，其因正如宋均所言，“立秋女功急，故趣之”。《太平御览》引《春秋说题辞》曰：“趣织之为言趣织也，织兴事遽，故趣织鸣，女作兼也。”南京在明清时期织机业极为兴旺，沿袭“趣织”之称与其社会经济环境也有关联。

斗蟋蟀在明清时最为兴盛，出现了多种《促织志》，甚至到了家畜户养的地步，明朝袁宏道《促织志》曰：“京师人至七八月，家家养促织，余每至郊野，见健夫、小儿群聚草间，侧耳往来，面貌兀兀，若有所失者，至于溷厕污垣之中，一闻其声，踊身疾趋，如馋猫见鼠，瓦盆泥罐，遍市井皆是，不论老幼男女，皆引斗以为乐。”《帝京景物略》也载：“斗盆、筒罐，无家不贮焉。”

斗蟋蟀在清朝甚至形成有组织的赛会活动。《金陵琐志九种·炳烛里谈》卷中在记述南京的民间游乐活动时说：

金陵年少，向多豪侠之流，每逢胜日，必有嘉招。如春日风筝会，夏日放鸽会，秋日斗蟋蟀会，因各怀夺标之想……

其中，斗蟋蟀之“秋兴”最为普遍，无论贵贱、长幼多畜而斗之，或赌输赢，或寻乐趣。赌斗者则往专门的斗场，据南京人夏仁虎《旧京琐记》卷1载：“斗蟋蟀……开场则门悬红彩，车马咸集，上流人士往往与焉。胜负之数颇钜，一鸣惊人，贺者交集。”赌斗者又有“标头”与“贴标”之分。为能夺标，精于此道者在捕捉、畜养、聚斗三个环节中都有一番讲究，甚至形成了规则和习俗。

捕 捉

蟋蟀多生郊野，或藏土隙，或居墙缝，或躲乱石、草丛之中。捕捉者一般准备纱罩、铁丝罩、铁通条等捕捉工具，用纸筒、纸盒、竹筒等装收携归。竹筒多为一节或两节长约30厘米，用锯子按5 ~ 6厘米的间距锯出横槽，并在竹管上沿纵向凿一道透气槽。竹筒的一端为洞口，蟋蟀捉到后放入竹管，并驱赶到竹筒的末端，然后在横槽上插入铁片或硬纸片，管内放满后，开口一端塞上木塞或纸塞。

捕捉者一般在野外听“叫声”，就能把蟋蟀同与其相近的其他昆虫，诸如“油葫芦”“棺材头”和“飞蟳”之类区别开来。捕捉蟋蟀多循声搜索，特别注意搜捕那些鸣声有力而短促者，凡噪鸣不止者和有气无力者，均不善斗，多被人弃掷不理。

对捕捉地点人们亦有所选择，勇而好斗者多出乱石、墙隙之中，而藏身土穴或水滨者往往战绩不佳。贾秋壑《促织经》谓：“生于草土者，

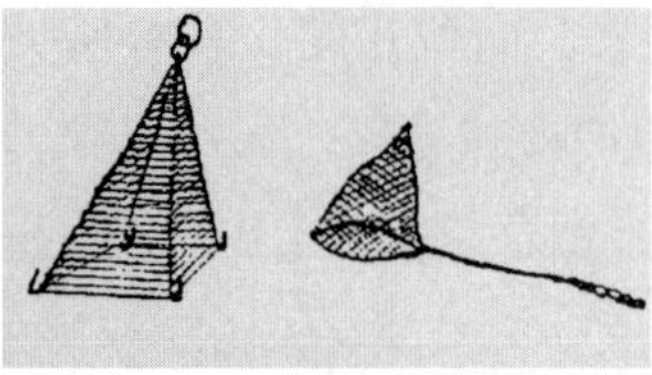

捉蟋蟀的工具

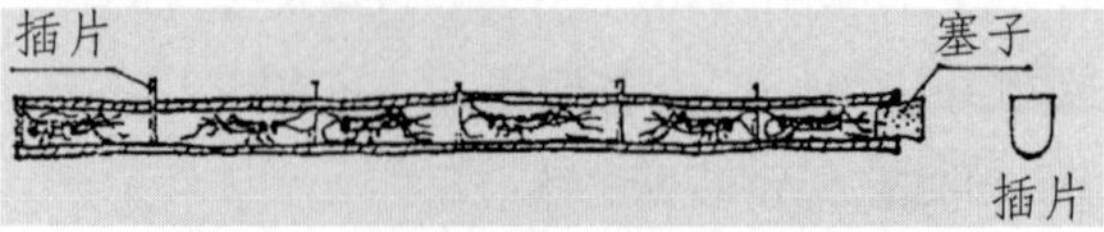

装蟋蟀的竹筒

其身软；生于砖石者，其体刚；生于浅草瘠土、砖石沉坑、向阳之地者，其性劣。”另外，稳居穴中者善斗，而漫野狂蹦乱跳者多为常败将军，没有捕养的价值；与蛇、蜈蚣等毒虫共处者，被认为较凶悍，多受追捕；而独居平地、草丛者较羸弱。因此，畜养人并非见蟋蟀辄捉之，而是择地听音，观形察态，有选择地加以搜捕。南京城南一带人从蟋蟀是否善斗考虑，喜欢到光华门外、武定门外捕捉，而不到雨花台、水西门外等地。

畜 养

蟋蟀捉回后，放入钵中，经过察形观色，或稍加试斗，以决定是否留养。一般断肢者、小头小牙者、尾巴粗长者、弓腿好蹦者、卷须练牙者、光脖者（脖上无毛，已衰老）等，不作畜养。关于审选的外观标准，论色，以青、黄、红、黑、白正色为优，其色白不如黑，黑不如赤，赤不如黄，黄不如青。论病，一仰头，二卷须，三练牙，四踢腿。有选拔的口诀云：“头大脖阔身体肥，弓背交眉腿如箭。”头大则牙大，脖阔身肥则有推力，弓背者有抵力，交眉者勇而好斗，腿平似箭者稳健沉着，咬斗中不轻易奔逃。

引斗蟋蟀多用草搽，或用鼠须制作的鼠搽。蟋蟀草，往往一茎六穗或三穗，其制法：取茎长五寸余，披其首，蒸熟，用以驱拨。畜养人在外形观察后，用搽子诱其开口，牙大而厚者，张口即收者为好，俗称“小开门”；而小八字牙大张久不收合者，一般不善斗，不作畜养。此外，薄翅者，开口而不鸣者，亦为好。

畜养蟋蟀有专门的瓦盆，内配陶房、水盂。其养法，用鳜鱼、茭肉、芦根虫、断节虫、扁担虫、煮熟栗子、黄米饭、果丁及水，每天一换。在清朝甚至有专饲蟋蟀的师傅，谓之“把式”，收入颇丰。中秋过后，天气渐凉，蟋蟀盆中有放纸垫、布垫甚或棉垫者。

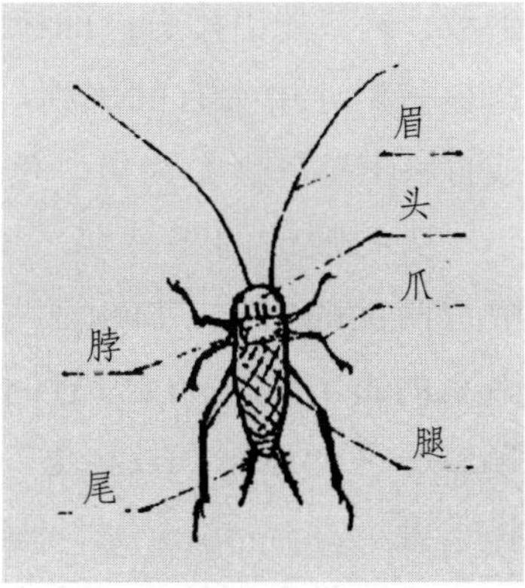

蟋蟀构造图

畜养者多根据所养蟋蟀的外形特点加以取名，以作区分，诸如“红头”（头色发红）、“麻头”（头色灰白）、“大衣”（蟋蟀一般在家养后身体显著加长，几天后就翅不遮体，但也有翅长不露体者，称之为“大衣”）、“左搭”（蟋蟀一般左翅搭于右翅之上，亦有右翅搭于左翅的，称作“左搭”）、“枣核钉”（头小尾小，身大，形同枣核）、“秃尾巴”（尾短而不全者）、“枯爪”（小腿脚爪残缺者）、“泡翅”（翅不服帖于身，而起泡状者）、“红玲”（翅下有一粒或数粒红点者）等，紫头青脖黄金翅者，俗称“将军”，往往被加以特别的喂养。

聚　斗

旧时，聚斗者中有出于“秋兴”、为一时之乐的闲人，亦有专此博戏、追逐钱财的赌徒。前者多不分对手，不计时日，有兴则斗；后者则计较锱铢，搏战前上天平、戥子称重量，分等级。精于此道者，斗前一般仔细观察对方蟋蟀的类型，判定它的壮幼，并观察自己虫子的临战状态，以决定是否一搏。

蟋蟀从大暑到白露前一批批先后成虫，由于时令不同及各自成熟期有早晚，其类型分作四种，即紫虫、黄虫、青虫、白虫。

畜养人还要视蟋蟀的临战状态而下搏战的最后决心，若蟋蟀在盆中有节奏地发出“叮咛叮咛”的声音，俗称“弹琴”，处寻友思偶期，不宜出战；若开钵盖后，蟋蟀逃窜，或躲暗房不出者，也不宜斗；掭其口噪鸣不止者，掭其尾频频踢腿者，亦不佳；掭其尾则摇而迎之者，处交配期，更不宜出斗；开盖后，若蟋蟀稳步不动，掭其尾辄回身追咬而不鸣者为好；若猛然揭盖，蟋蟀不为之惊，且抬头仰望者，处极佳临战状态。

斗蟋蟀时，两方均要把自己的蟋蟀用过筒从养盆中捉出，放入高大的斗钵中，众人聚首围观。参斗的蟋蟀放入斗钵时要拉开一定距离，让它们自己慢慢寻敌对咬。若两虫入斗钵后久不寻战，主人则各持掭子以引敌，然只能引掭自己的蟋蟀以促战，不得碰掭对手的，以免伤害之嫌，这也是聚斗中常有的规则。蟋蟀交口后，若一方弃斗逃窜被对方追咬，或自跳出钵外者，为负。负者不鸣，而胜者在逐咬中不断鸣叫。

从无败绩的蟋蟀叫“头口虫子”，败过一次的叫“二口虫子”，败过两次的叫“三口虫子”，败过三次的一般被主人丢弃，不再畜养。南京的畜养人将自己最凶悍的蟋蟀称作“头盆儿”，意即“老大”；第二厉害者称作“二盆儿”，意即“老二”，亦有称“上将”“中将”“少将”者。

蟋蟀因多而易捉，畜养简单，故比斗牛、斗鸡、斗鱼等更为普及。旧时斗蟋蟀既为闲乐，又为赌博，蟋蟀因此还成为商品。现在，斗蟋蟀活动已伴随着社会生活的变迁而几乎消歇，仅偶尔在莫愁湖等公园有“秋兴”活动，作为一种季节性的游乐风俗现象而略有所见。

民间俗信

“俗信”作为民间信仰的主要部分，相对于“迷信”而存在，并表现为风俗化的性质。

“俗信”与“迷信”既相互联系，又彼此相异。

对“迷信”我们可以做出这样的判断：任何对现实生活起破坏作用的信仰，都是迷信；同时，任何新造的神灵信仰，尤其是在现当代已过了造神时代所新出的神灵信仰，也都是迷信。所谓“俗信”，与巫术、宗教本有一定的联系，但在长期的传习中已逐渐融入各地的风俗传统，成为良性的民间信仰，它没有坑害的、欺骗的性质，仅表现为对传统观念的沿袭和对精神生活的追求。

“俗信”较为平和，具有稳定的常循性规律，不易诱发事端，也难对社会生活骤然产生某种冲击或破坏。作为历史的文化现象，俗信虽有演进变化，但其总的趋势则指向了风俗化。

南京的民间俗信，包括傩祭傩仪、面具魁头、庙会赛会、石敢当、手纹砖、五谷树，以及其他形制多样的禳镇物和吉祥物等。它们作为精神文化的传统，揭示着心理层面的奥秘，展现着南京多彩的民间生活。

高淳的古傩面具

“傩”与原始宗教、巫术信仰密切相关，作为人类早期的文化创造，它稚拙、神秘，并始终带有野性之美。傩以面具作为神、人、鬼交通的凭依，以祭仪、咒祝、文辞、舞蹈、戏剧等为基本的艺术表现手段，面对变幻莫测、凶险四伏的自然世界和人类社会，它借助象征符号建立起沟通与改造的想象联系，并以逐疫禳凶、除旧迎新、纳吉获佑的心理满足为主旨，表达乐生入世的生活情怀。

高淳面具的制作多选用杨木或柳木，也有用樟木、梓木的。制作工序包括：选材、下料、煮木、阴干、雕形、打磨、批腻、刷底色、彩绘等。其中，“雕形”先定中线，再先粗后细地雕刻，民间艺人一般不用画稿，按传统样式的腹稿制作。打了泥子后，面具所加的底色一般取红色，所用的工具包括斧头、圆凿、扁凿、三角凿、蝴蝶凿等近 30 种。

对高淳傩面具，我们可以从功用、形制、结构、角色性质等方面加以简略的归纳。

从功用方面说，苏南傩面具分为可戴面具和不可戴面具两种基本类型。可戴面具属表演类面具，主要用于傩舞的表演和傩仪的出巡活动，具有角色认定、身份转换和通神显灵的艺术作用；而不可戴面具，没有动态表演的应用，只作为静态陈列和装饰的对象，以及傩祭、庙祀的神物，其宗教意味更其突出。

全脸面具

从形制方面说，高淳傩面具分为脸壳、套头、魁头三种基本形式。所谓“脸壳”，为木雕的呈弧面的面具，可覆盖扮演者的脸面和额头。脸壳一般用油漆涂绘，其角色形象较为程式化，如祠山大帝的脸面为棕黑色，刘猛将军的脸面为深红色等。所谓“套头”，即用木、纸、布等材料做成的头形假面，以

套头面具

套在表演者的头上，作为特殊而神秘的装扮。所谓“魁头”是高淳傩文化中最为奇特的傩面具，包括木雕的脸壳、金枝叶和众小神。魁头在出巡时由人戴上面具，扛在双肩上，一般有1米左右高，60多厘米宽，每架重量在100斤左右。魁头专为主神而配，出会时显得高大威武，神秘莫测。在高淳，配魁头的傩神主要有祠山大帝、刘猛将军、二郎神、张巡、关公、晏公、神农等。

从面具结构说，苏南傩面具有单层面具和开合面具两种，或者说，有固定的单一面具和活动的可变面具的区分。通常的木雕面具往往有固定的脸谱和专用的角色，一张面具只表现一个神灵或人物，而“开合面具”为两层面具，在祭仪或傩舞中起着角色转化的作用，如用来表现二郎神等神灵善变的多面性。

从角色性质方面说，有吉神和凶神两类。所谓“吉神”，大多为天地神、英雄神、人杰神、道神、佛神等，他们是专门助人的恩神，诸如关公、张巡、张渤、杨泗、龙王、土地、二郎神、刘猛将军等，他们或招财，或斩鬼，或兴水利，或除虫灾，信能带来吉祥和恩惠。所谓“凶神”，能作恶害人，其形多狰狞可怖。高淳傩面具中的凶神主要是五猖神，它们的面具分别为青、红、白、黑、黄五色，其形皆龇牙瞪眼。它们因杀人劫财、放火奸淫，成为乡民既痛恨又敬畏、但并不真心敬重的凶神而进入傩舞、傩祭之中。

傩面具使用的直接功能就是转换角色，虚拟情境，以舞蹈动作、巫术法器、咒语傩词等来除凶纳吉。在传统傩面具上不仅留有原始文化的踪迹，

开合脸面具

也有阶级社会中的历史人物、历史事件、传说故事、民间信仰和人为宗教的投影。诸如面具神祠山大帝、二郎神、土地神、刘猛将军、五猖神、观音菩萨、杨泗菩萨、孙悟空、张巡元帅等，他们各有来历，各有故事，并与一定朝代的历史事件或信仰观念相联系，使无言的木面具打上了神秘而复杂的历史文化印记。

就高淳傩面具的地域特色而论，角色选择、地理方位、基本形制和存在方式是其构成的几个主要方面。

高淳面具的角色选择比较统一，由于祠山大帝的信仰在苏皖一带非常流行，它借助传说成了苏南信仰的中心，尤其是为民兴修水利、化身为猪、不愿再见妻子等传说，塑造出一个救民为先、公而忘私、舍小家为大家的英雄式人物。祠山神的面具多面黑如漆，肤若猪皮，但怒目圆睁，威仪堂堂。作为主神的面具，他在高淳的傩祭、傩舞中频繁露面，其面具的主神身份与傩祭的中心地位，都展现出地域性的特点。

在地理方位上，苏南傩面具的遗存主要在南京高淳和溧阳社渚一带，其地位于江苏省的西南角，与安徽省的宣州、郎溪等市县交界。由于皖南地势偏高，每遇暴雨，洪水东流，高淳的圩田则受水患之苦。因此，水神在当地受到特别的崇敬，除为民挖沟修渠以泄洪的祠山大帝，还有在鄱阳湖制服了恶龙、不使其搅起汪洋大海、淹没中华的杨泗菩萨；此外，还有龙王、天后、晏公等。水神信仰在这一地区的普及是由客观的地理

祠山大帝面具

魁头

扛魁头出巡的庙会

条件决定的，它们地位的显赫及其在傩面具中的应用，也显示出地域文化的特色。

在基本形制上，高淳傩面具以木制面具为主，一般经整体雕刻而成，亦有层套式面具。层套式面具因多脸谱性，主要用于二郎神，表现其73变的不同阶段。高淳面具中最有特色的东西是魁头。所谓“魁头”，是扩大面具的部分，它以密密匝匝的金花花瓣和附丽其间的众小神，表现主神面具所处的神界背景，同时也强化了面具的头部，显示出面具神的威严和强大。它主要见于高淳及其附近地区，是中国傩面具中最有地域特色的代表。

在存在方式上，高淳面具的使用主要借助傩舞和傩祭，通常在庙祭、出菩萨庙会和年节风俗中出现。宗教的仪式，风俗的活动，艺术的展演，是傩面具当今在高淳依然存留的主要机缘。高淳乡村中的“出菩萨”的庙会一般声势浩大，面具神与魁头的出巡是其中最醒目的部分。与一般的偶像崇拜不同，傩祭和出菩萨活动不是简单的舁神出巡，而是由村民戴上面具，扛上魁头，扮作傩神，形成人、神的抱合一体。

这种人、神间的角色转换和想象的趋同，显示出南京傩文化的地域特色。古傩面具作为历史的文化遗存，其价值超越了它所固有的自然传习的功能意义，需要我们在现存背景中对之加以理性的把握与判断。高淳傩面具价值的认定在当今的文化遗产保护、文化资源开发、文化建设推进等方面，都越来越显得迫切和重要。

城内城外的庙会

所谓“庙会”，是以庙宇为依托、以庙神为信仰中心而展开的祭祀仪式和赛会活动，它有固定的期日和庙外相对固定的活动空间，并常伴有临时设摊的商卖活动。庙本为祭祀祖先的地方，后来凡祭供神灵的专用性室内公共宗教场所，也称之为庙，而以庙神为中心的出巡、表演及赛会活动，便叫作“庙会”。

南京是一座庙会活动多样的中心城市，在南郊有夏历二月十二日、九月十六日的“花神庙会”，在城中有二月十九日、六月十九日、九月十九日的鸡鸣寺“观音会”，有三月二十三日在城北下关天妃宫的“妈祖庙会”，四月十五日在太平门外的“蒋王庙会”，三月十五日在城西骁骑营的“善司庙会”，正月初八在城内府西街府城隍庙的“城隍庙会”，清明日、七月望、十月朔在都城隍庙的“城隍会”，九月间在水西门外祭祀金龙四大王的“大王会”，七月三十日在城内清凉山的“拜香会”（地藏会），三月十五日在南乡铁心桥的“东岳会”，三月二十八日在浦口的“泰山庙会”，等等。《金陵琐志九种·炳烛里谈》卷中《金陵赛神诸会》有如下记载：

> 金陵城中，春则有东岳、都天诸会，秋则有金龙、四大王、古城隍诸会。皆遨游四城，早出夜归，旗伞鲜明，箫鼓杂遝。有两人层累而上者，谓之“台阁”；有四人盘旋升降者，谓之“秋千”，会中之最大观也。至二月中，钟山茅草洼有三茅会；六月十九日，门东石观音庵、城北观音楼皆有观音会；七月晦日，清凉山有地藏会，则舁诸小庵之神佛像，集于大庵，标其名曰“朝山进香”，沿途设茗以供香客，张挂灯彩，名曰“茶棚”。

庙会是民俗艺术与民间信仰的展示季，每个庙会往往各有特色，互联互补，丰富着当地民众的文化生活。拿南京南乡铁心桥的“东岳会”说，抬阁、挑担是其会中的特色。胡朴安《中华全国风俗志》下编（河北人民出版社 1986 年版）曾这样记述了南京的东岳神会：

东岳庙在南门城外。三月杪日，为东岳诞辰，好事者遂舁神出巡，谓可以消灾弭患。于是城内各业，各结一会，旗伞灯牌，抬阁秋千，百出其奇，争巧斗胜。舁出之神，有东岳及其夫人、韦驮、善报司、速报司、财神等。更有无知男妇，身披红衣，手戴镣铐，扮作罪人状，随于神驾后。盖皆病时许愿于神前也。又有四五岁七八岁之小儿，装作剧场之武小生、武三面、武老生等，腰悬利刃，手执杭扇，指套钻戒，胸挂金表，异样精彩，耀人眼目，手叉两腰，躯干矗直，耸立于大人之肩，毫无倚侧惧怯之态。又有业骨董者，聚极昂贵之玉器珍玩，制一精巧玲珑之担，罗列陈设，价值甚巨，使精壮练习之少年挑之，手不扶掖而叉于两腰，行步如飞，而不倾仆，以示技艺而耸观瞻。此两种尤为会中之特色。

胡朴安先生说，“城内各业，各结一会”，其实，铁心桥附近的乡村，也有按乡村社区结会参加“东岳会”的。位处南京河西的江东乡，过去由沙洲圩、石候圩和棉花堤 3 个农村社区构成，它们各有社区的崇拜对象，即“合兴菩萨”“义兴菩萨”和“全福菩萨”，而相应的民间信仰组织则叫作“合兴会”“义兴会”和“全福会”。从前这三会每年都到铁心桥去参加朝山庙会，并进行赛会活动，其中有“抢地盘”“跳香炉”“耍头旗”等特色活动和傩舞的表演。

所谓“头旗”，是江东乡三会的各自标识，它用两丈长的整根毛竹制作，毛竹内节节打通并灌入黄沙，外表用刀修整平滑后缠上麻丝，再刷上油漆，绘上龙纹，顶端则挂着会旗。一杆“头旗”重 60 ~ 70 斤。“抢地盘”活动系由各会选出一名强壮的青年，手举头旗向山上冲，谁先到达山顶就把本会的头旗插在山头上，以表为全会人争得了吉利。头旗除用于赛会，也用来表演，耍旗者能把这几十斤重的旗杆在掌心、头顶、肩头、膝盖、脊背间抛来抛去，而头旗始终站立不倒。

如果说“耍头旗”是比力、竞技的精彩表演，那么，“跳香炉”就有明显的巫术宗教的印记。“跳香炉”者也是从江东乡的三会中分别选出的“道法”高深者，他们身穿红绸缎裤，上身赤膊，看上去似乎神志不清，若有神灵相附。他们先围着香炉旋转，当炉中香火越燃越旺之时，突然腾空一跳，站立于香炉的边缘上，然后双手握剑向自身脊背砍去，三人竟安然无恙。

铁心桥“东岳会”期间有搭台唱戏的活动，并穿插舞蹈“跳加官”的表演，它与“跳灶王”“跳钟馗”“跳财神”等一样，是旧时较常见的傩舞节目。

“三月二十三，乌龟爬下关”，天妃宫的妈祖庙会在三月二十三日，庙会期间的民间艺术表演有踩高跷、大幡、中幡、宝辇、单双伞秧歌、飞叉、爬杆、太狮会、宝鼎会、莲花落、五虎打箱、捉灯捉炉、庄寿八仙、什锦杂耍、杂技、舞蹈等。

江北三月二十八日的泰山庙会，旧有出会巡街的信仰活动，除进香礼拜，其间也有一些民俗表演，例如踩高跷、跑旱船、舞龙灯、舞狮子、舞蚌精、抬花轿、跑驴儿、霸王鞭、跳财神等。后逐步形成以物资交流为主的商贸集市，日期从三月二十七日至三月二十九日，仍以三月二十八日为庙会的正日。

南京的城隍庙会，旧时有城隍出巡的活动，位于府西街的府城隍庙会的巡游线路包括府西街、中华路、升州路、柳叶街、船板巷、马巷等城南一带，除了威严的仪仗和随行的虔诚的信众，亦夹有一些轻快的文艺表演，诸如踩高跷、荡湖船、站肩、台阁、秋千、小解、骑驴送媳妇、渔翁捉蚌精等。在庙会活动中，信仰与民俗往往相互包容，从而在一定程度上淡化了滞重的宗教气氛。

乡野的傩祭神会

所谓“傩祭神会”，专指与傩神祭祀相关的信仰与民俗活动，它在形式上与一般庙会基本相同，但又因傩神面具、魁头的使用而特色鲜明。傩祭神会与一般庙会既有联系，又有区别。其联系在于，它们都以偶像作为信仰表达的对象，都以仪式、歌舞、戏剧的形式乐神娱人，都具有趋吉避凶的功能主题；其区别在于，一般庙会没有面具的使用，而傩祭神会则主要以面具作为信仰活动的中心。

南京的乡野傩祭神会的传承地主要在高淳，诸如“花台会”“辚辚车”“东平王庙会”等，均有一定的历史与规模。

花台会与辚辚车

“花台会”与“辚辚车”作为高淳区淳溪镇薛城村和长乐村的傩文化遗存，分别是祠山庙（薛城古社）和五显庙的庙会形式。

高淳在行政区划上原属南京市的郊县，与安徽省的当涂、宣城、郎溪，以及江苏省的溧阳、溧水等地接壤，总面积802平方公里，下辖9个镇和1个街道办事处，人口43万。“花台会”“辚辚车”所在的淳溪镇位于石臼湖和固城湖之间。

薛城“花台会”自明朝以来每年夏历二月初二在薛城古社前的简易草台上举办，以祭祀土地正神，清中期以后逐步与风行苏皖的祠山庙会并合，遂改成每年的夏历三月十八日，地点仍在薛城古社前，但花台搭得比较讲究，变得高敞而华丽。

薛城“花台会”有“小花台”和“大花台”的区别。“小花台”唱戏一日，“大花台”唱戏3～5日。“大花台”每3～9年举办一次，哪年唱“大花台”，以“薛城古社”夏历二月初二升社旗为定。升一面社旗唱小花台，升两面社旗就搭大花台，请戏班子。每天有日场，也有夜场，剧种有京剧、黄梅戏、锡剧、越剧等，一般以京剧为主。到时，本地的及苏、皖比邻乡村的乡民们会成千上万地聚集到花台下的野地上，赶花台看戏俨然成了那里最盛大的民间节日。

所谓“花台”，是一座临时搭建的，背靠水塘，面对薛城古社和祠山庙的戏台，会后即被拆除。薛城的花台长 16 米，深 13 米，台面距地面高约 1.2 米，占地面积达 208 平方米。台沿口围有 0.7 米高的栏杆，中间塑有福、禄、寿三星和戏剧人物泥像，两旁另塑八洞神仙。栏杆上悬挂着各种手绘图画，绘有《渭水河》《追韩信》《女起解》等曲目中的人物群像。戏台前沿立有两根描金龙柱，使舞台形成中间大、两边小的三开间形式。柱头大枋下吊着五彩宫灯和元宝形花篮，花篮中亦塑着戏剧人物。花台建有门楼似的屋顶，中间为四角攒尖顶，既有宫殿般的辉煌，又能风雨无阻地唱戏。台口上方为“五彩架”，即由纸扎、绘画、泥塑构成的上下五架屏风。第一架是“双龙戏珠”，第二架是“十二月花神”，即：一月花神柳孟海，二月花神杨玉环，三月花神杨延昭，四月花神姜贵华，五月花神丑钟馗，六月花神美西施，七月花神傅石雄，八月花神钱素款，九月花神陶渊明，十月花神汉貂蝉，十一月花神白乐天，十二月花神佘赛花。其余几架为彩绘的各种图画。舞台上方有一匾额最为奇巧，从不同角度看，所见文字不同：从正面看，为金色的“玉堂春”三字；从左侧看，变为银灰色的“玉树春”；从右侧看，则又变为紫金色的“玉楼春”。花台的藻井由 86 幅或 60 幅彩绘构成，内容有《西厢记》《白蛇传》《贵

高淳薛城花台

花台内景

妃醉酒》《牛郎织女》等戏文故事和《达摩过江》《龙女牧羊》《周处斩蛟》《霓裳铜钹》《元章拜石》《米颠题石》《春闲吹笛》《秋山行旅》等画幅。花台上分隔前后台的中屏为3个大月窗和4个进出场的彩门，门上有“出将”“入相”的题额。花台正面绘有“旭日东升”的大幅图画，并配“歌传石臼龙惊起，唱彻花阁凤欲鸣”的对联，花台上还前后悬有“鹧鸪天”和“近水楼台”的匾额。花台正面两侧写有长联，2008年花台上的对联为：

花妍宝地，地启文风，风范古今，今存遗址六千载；
楼满笙歌，歌迎奥运，运逢盛世，世誉江南第一台。

作为“江南第一台”的“花台会”，其造台的成本约为40万元，该经费由村民们集资承担。他们往往邀请名剧团、名演员到村上来唱戏，所付的报酬从优，但要求亦很严格。首先，几天的剧目不能重复，乡民们称之为“不倒槽”；再就是要求“唱彩戏”，即每出戏都要赢得观众的喝彩。花台两边挂着一个个红包彩礼，每喝一次彩，演员就能得到一份红包。倘若观众不喝彩，或喝“倒彩”，这出戏就算白演，会主不给包银。同时还规定，演出是否成功，看散场时薛城古社门前的“九莲灯”是否升起，若挂在旗杆上的九盏红灯笼升起了，标志着演出成功，若不升红灯，则说明戏中有差错，演出失败。

龙吟车

“花台会”的活动项目，除了演戏和其他文艺表演，还包括社庙祭祀，祠山大帝、二郎神等面具与魁头的祭祀，此外还有集市商贸等，尤其是在花台的周围有很多小吃、水果、玩具等担子，以及出售农用物品、衣帽百货的地摊。薛城人家在“花台会”期间会把出嫁的女儿、外乡的亲戚请来小住几日，一同看戏、说戏。戏剧为他们创造了亲情表达的机会，营造出喜气洋洋的节日气氛，提供了看戏、品戏、说戏并接受艺术熏陶和道德教化的机会，当然也是一起祭祀祠山等傩神的机会。

庙会中的龙吟车

每当薛城举办“花台会”，临近的长乐村就必然要出“辚辚车”，因为按当地风水先生的说法，薛城是“公鸡地”，长乐是“蜈蚣地”，公鸡、蜈蚣总是相斗，公鸡吃蜈蚣，蜈蚣吃鸡骨。薛城搭起了花台，唱起了大戏，就是公鸡啼叫了，长乐若无反应，就是蜈蚣败下阵来，于是长乐村也在夏历三月十八日打出蜈蚣旗，推出辚辚车，以表应战，抵消公鸡的威风。长乐的“蜈蚣旗”是挂在竹竿上的纵长条旗，长约6米，边为犬齿状，以象征蜈蚣的“百脚”。至于“辚辚车”，又叫“龙吟车”，系以木龙为主要雕饰的巨大的独轮推车。其轮径1.43米，龙头在车前，龙尾在车后，雕龙全长4.13米，车高3.3米，车身两边的卫杆长7.84米，车重1000余斤，由十数个男丁手推缓行。车上站有4人，其中3人分别着古装，戴红、蓝、白面具。那个戴白面具、顶魁头、举长刀的，是五显神；两个分别穿白袍、戴蓝面具和穿红袍、戴红面具的孩童为水火二童子。此外，辚辚车后的“抬阁”，亦均由孩童扮作戏剧人物，演示某剧目的一个场面。辚辚车在村中五显庙祭祀后出发，先绕村一周巡游，再冲上戏台受拜，然后返回庙前。其中，辚辚车冲上戏台的场面最为热烈，也是这一庙会活动的高潮。

“辚辚车”与“花台会”相辅相成，分别以游动和定点的方式使民间的祭仪与戏剧表演交并，将乐神和娱人的基调注入傩祭神会之中。

东平王庙会

东平王庙，又称“中丞庙”“显忠庙”“降福庙”“都府殿”“太子庙”，俗称“三太子祠”“十四太保庙”“张巡庙”等。所谓“东平王”，即唐将张巡，其信仰在江西、江淮之间最为流行，亦流布于苏南地域。

张巡何许人也？《中国神仙传》称：“据《旧唐书》、《新唐书》记载。张巡，唐邓州南阳人。唐玄宗时进士出身，官拜清源令。安禄山、史思明作乱，他与睢阳太守许远一起困守孤城。张巡随机应变，不依古法，前后打了三百多仗，百战百胜，终因敌我力量悬殊，最后壮烈捐躯。城破时他向西拜了拜说：‘臣智、勇均已用尽，不能阻挡强寇，保守孤城。臣虽做厉鬼，仍与贼寇势不两立！’于是与许远一同遇害。”（王兆祥主编：《中国神仙传》，山西人民出版社 1992 年版）张巡的庙祀自唐朝即已起始。后世民间则把他视作安澜的水神或司瘟的“青魈菩萨”。民间祭祀张巡的名为“斩鬼”的纸马，就有辟除瘟疫的取义。

在南京高淳原有 6 座东平庙，它们包括淳溪的“东平殿”、东坝的“降福殿”、定埠的“降福庙”、顾陇的“都府殿”等，目前的张巡庙主要在东坝、原定埠两地，另在桠溪“慢城”建有庙宇式的“张巡纪念馆”。此外，在祭祀中还见有多种张巡的纸马，除高淳的“斩鬼”外，溧水区有“降福收瘟”。淳溪的东平庙会定在每年的农历八月十五日，1945 年以后已停办，而在东坝和原定埠的东平庙会至今犹存，会期在正月初八和农历七月二十四日。

东平王庙会的“菩萨出巡”甚为壮观，出巡的神明包括：张巡，睢阳太守许远，张巡之子金吾大将军亚夫及部将南霁云、雷万春、姚訚、贾贲、张抃、花元帅、何将军、方将军、马将军、安将军、江将军、管将军等三十六壮士，他们大多披战袍、执兵器；还包括张巡的两个夫人，即身着绣袍、头戴凤冠的刘夫人和爱妾柳氏。此外，一同出巡的，还有土地神、判官、黑白无常、五方神等，大多戴着面具。出巡的队列还配有旌旗、华盖、车马、銮驾、大轿、大锣、鼓号、花篮、金牌等物，队列浩荡，威风凛凛。

近年来，高淳东坝每年在正月初八举行东平王庙会，东平王的出巡依然规模壮观。出巡的队伍先在“降福殿”前集中，然后向镇内各村进发，一路上观者如堵，锣鼓喧天，旌旗猎猎，爆竹相闻。不论是擎旗的、敲锣的、举牌的、抬轿的、推车的、执兵的、舁神的和护驾的等，均有统一的古式着装，队伍浩荡而严整。出巡队列的顺序是：2 人抬开路大锣一对，大头娃娃男女一对，戴面具的小开路神 4 人，竹竿挑高灯一盏，三角龙旗 8 面，头戴羽毛、肩插幡旗的执 12 生肖金牌者 12 人，角旗队，黑无常和白无常，角旗队，大锣，土地神，判官，北方神，西方神，南方神，东方神，中央神，大锣，角旗队，水、火二将，角旗队，何元帅、江将军、安将

降福殿中的张巡

军、麻将军、姚大元帅、南元帅等将帅十数人的车马队，竖写“东平大帝”的木牌一对，车马一驾，张巡坐八抬大轿随后，张巡的夫人刘夫人和爱妾柳氏坐四抬大轿，鸾扇，太监，仪仗，二人抬鼓亭，许大元帅，许远夫人，二太子，大太子，锣鼓队，角旗队，跟随的乡民，等等。出巡的将帅们及其他民间神多用面具，具有浓郁的巫傩文化气息。

出巡的队伍每到一村，都要举行场祭的活动，就东坝来说，那里的张巡庙会至少在出巡中有 6 场场祭。

在睢阳战死的唐将张巡为何至今在高淳仍受乡人的虔诚祭拜？一方面，他与许远坚守睢阳近一年，挡住了安禄山的兵锋，保住了江淮、东南免受蹂躏而受感戴；另一方面，他有忠贞不贰、为国舍家、视死如归的英雄品质。传说，在睢阳被围困，粮食断绝，战马、畜禽被杀光的时候，张巡杀死了自己的爱妾柳氏，蒸煮给将士吃，并与太守许远、儿子亚夫等一起战死。乡民们至今感戴他，除了民间信仰的传承惯性使然，也出自内心的钦佩和敬重。从前，高淳的东平王庙会上有抬祭祀亭出巡的，亭中摆放一只泥塑的女人手，象征东平王爱妾柳氏的亡灵。传说当年东平王杀妾后，将士们不忍吃她的肉，就留下了一只手。悲壮的张巡传说，强化了他的人格力量，成为东平王庙会历久不衰的一个重要因素。

高淳的庙会一般规模比较宏大，尤其是在“出菩萨”时万人空巷，热闹非凡。面具、魁头、大头娃娃、小丑、随从、神轿、神马、旌旗、华盖、大扇、仪仗、虎头牌、锣鼓、长号、花篮、灯笼、炮铳等，内容丰富，队列浩荡，出巡的与跟随的往往在千人以上，而沿途观者如堵，不计其数，反映了傩祭文化在南京郊野的良好生态。傩祭神会作为南京地区的文化遗产和特色资源，需要加以合理地利用。

镇宅护路石敢当

石敢当作为建筑镇物，在南京的古老街巷和乡村中曾多有所见，被寄托了安居的追求和镇宅的观念。石敢当多砌于外墙或置于建筑转角处，尤其是当宅室迎着路道，面对河流、桥梁或水井，或对着其他建筑转角时，常见有设立。

石敢当，又称“泰山石敢当”“泰山石”“石将军”“泰山石敢当将军”等，作为民间镇宅、护路、守村、卫桥的辟凶法物，同灵石崇拜、泰山崇拜、鬼魂观念、山神信仰等联系在一起。它以碑石、文字、符号、动物图像和人形雕刻，展现其作为镇物的功能性质。

石敢当作为镇物在我国的俗用不晚于唐朝，而以山石设镇的观念则由来已久。北宋庆历四年（1044年）张纬宰莆田，曾掘得一块唐大历五年（770年）的碑石，其铭文为：

石敢当，镇百鬼，厌灾殃，官吏福，百姓康，风教盛，礼乐昌。

可见，具有“镇百鬼”之性的“石敢当”，与官民、风教、礼乐的福康昌盛相联系的信仰在唐朝已经形成。不过，“石敢当”的名称早在西汉时就已出现。汉朝史游《急就章》有“师猛虎，石敢当，所不侵，龙未央”之句。唐朝颜师古注曰：“敢当，所向无敌也。”由于“石敢当”有“所向无敌”之功，故后世将其人格化，便又有“石将军”“石敢当将军”之谓。

石敢当在我国主要流布于东部沿海地区，宋朝施清臣《继古丛编》曾载录吴地的“石敢当”之用说：“吴民庐舍，遇街衢直冲，必设石人或植片石，镌‘石敢当’以镇之。”南京在六朝时属于吴地，高淳地区的乡民至今仍操吴语，因此南京也是石敢当较早的传承地，在城区和郊区所见的石敢当，有片石镌字和石人圆雕等基本形制。

“石将军”立像与“石敢当”碑石形异而质同，它们的俗用都体现

片石石敢当

圆雕石将军

了镇护巷陌桥道的民间信仰。在此之前，则已形成以块石设镇的古俗，南朝梁代宗懔《荆楚岁时记》中有“十二月暮日，掘宅四角，各埋一大石为镇宅”的记载。镌字的片石，以及刻作石人、石将军等，正是对宅角“大石”的艺术化改造。

石敢当从其材料、文字、图像、符号来看，无不留有山神信仰的印迹。

从材料看，石敢当的制作一般选用自然的山石加以雕凿或镌刻，而石即为山的象征。这在中国古代文献中多有载述：

《说文》曰：“石，山石也。”

《汉书·五行志》曰：“石，山物。”

《经籍纂诂》卷 15 引《周礼·大司徒》注曰：“积石为山。”

石有“山物”“积石为山”“山体曰石”之说，可见，石与山本相连相通，互为彼此，石在民俗中的应用实乃山的比附与象征。

从文字看，石敢当上一般镌刻“泰山石敢当”五字，点明了对东岳泰山的信仰。中国的“五岳”，以泰山为东岳，并被称作“五岳之尊”，受历代王者封禅之祭。泰山因是“群岳之长”，又有“岱宗”之称。作为“群岳之长”，泰山是最大的名山，并素有“鬼府”之称，信能却邪招魂、知人生命。《博物志》卷 1 引《孝经援神契》云：“泰山，天帝孙也，主招人魂。东方万物始成，故知人生命之长短。”正因为泰山“主招魂”，能“知人生命之长短”，故泰山石受到广泛的应用。于是，助生禳死成了石敢当启用的信仰内核。

从图像看，石敢当上常浮雕虎头的图像，留下了山神信仰的信息。

筑有山形的石敢当

虎作为山兽，往往被视作山神的化身。石敢当上的虎头一般镌刻于碑石的最上方，其形圆目獠牙，竖耳翘眉，吐舌咧嘴，脑书“王”字，显得十分狰狞而威严。在南京市高淳区凤山镇永城村一家民宅的外墙边，竖有一方石敢当碑，碑上镌刻着威严的虎头、神秘的八卦和“泰山石敢当”五个汉字，碑前方筑有山形小石与虎头呼应，凸现了石敢当与山的有形联系，以及虎为山神的信仰观念。

关于虎与山神的对应关系，我们还可从石敢当的其他个案中得到认识。在高淳区薛城镇有一方石敢当，在通常镌刻虎头的位置直接雕凿出山神的形象。他虽咧嘴圆目，但嘴边无獠牙，脑门无“王”字，头上不长耳，鼻孔不扁张，其长长的鼻子展现了人们所想象的山神形象，并点画出石敢当与山神信仰的内在关联。

从符号看，石敢当上的太极八卦符号，以阴阳鱼为核心，表现阴阳抱合、化生万物、两德润泽、八方平和、成天地而宁家国的哲学思考和文化判断。山、石在古人看来，本具有阳、阴之性，山被赋予了生万物、成天地、宁国家的神功，并成为民间俗信的动因。

石敢当作为俗信物品，以山、石的自然崇拜为基础，以巷陌、桥道、家宅的镇辟为功能，以安居、太平、福康、昌盛为追求，以防范、禳拒、驱除、护卫为手段，以材质、文字、图像、符号为象征，表现了山神信仰的风俗应用。它既有原始的质朴气息，带有神话哲学的逻辑，又借助文字、图像、符号等文明成果和艺术创造，成为内蕴幽深、形式驳杂的传统镇物和民俗艺术物品。早在2000多年前，“石敢当”的名称就已见诸文献；在1000多年前，已雕凿实用的“石敢当”碑石。时至今日，不论是块石的、碑刻的，还是文字的、雕像的，仍见于南京高淳等地，反映着这一信仰风俗的持久传承。

除阴驱祟手纹砖

在高淳老街和一些乡村老宅的外墙上，能见到清晰留下手掌印纹的手纹砖，它们作为镇宅之物，显得异常古奥而神秘。

手纹砖早在晋朝已经出现，在山西省襄汾荆村沟金墓也出土过手纹砖。早期的手纹砖均为阴宅的墓砖，而南京高淳等地的手纹砖则用于阳宅。高淳的手纹砖多为清中期以前之物，以砌在住宅正面与侧面外墙者为多。

经仔细观察，手纹砖的手纹不少是少年或小青年留下的手印，这与少年更易通神的俗信观念有关。手作为人体最灵便的部分，能劳动，能战斗，能传递信息，能施法通神，一切工具和武器主要通过手来发挥其威力，因此，手是力量的象征，也是生命的象征。

手纹砖

手又是人的思想、语言表达的媒介。佛教密宗的各种手的印相构成了一套手语系统。它突破了体语的范畴，带入了宗教文化的信息。密宗将左手称作“智”，其五指分别为“智”“力”“愿”“方”“慧”；右手称作“福”，其五指分别为“禅”“进”“忍”“戒”“施”。手印相的动作由代表十种佛教概念的十指排列组合，以演示佛学的义理。手纹砖上五指分明，具有佛教手印相的联想作用和神秘的宗教气息。

手纹砖在宅室外墙的应用，更带有道教的因素。手有手心、手背，构成了相反相成的阴阳两仪的象征；手有五指，又成为金木水火土五行的象征。这样，手纹砖就成了类似太极八卦的符号，便有了镇宅的神力。《素问·阴阳别论》有"三阴在手"之说，其注曰："手谓气口。"此外，《经籍籑诂》中还有"手本作首"的解释。由于手为"气口"，故能发气制物，通化阴阳，从而产生镇辟的效用。又由于鬼祟等被视作"阴气贼害"之物，于是"三阴在手"便引发了以手捉鬼的联想。

手纹砖作为南京高淳的建筑民俗，其信仰基础是阴阳观和手的崇拜，它以象征与联想的方式表达人们逐鬼驱祟、宅室平安的功利追求，具有哲学的、宗教的、巫术的与民俗的复杂内涵，也构成了一个有趣的文化与艺术现象。

年成占验五谷树

南京的“五谷树”，因每年结实的形状不同，或像水稻，或像小麦，或像大豆、高粱和荞麦，因有“五谷树”之称。据说，结实为何，其物当年或来年就会丰收。作为占验和征兆的树种，长期以来被人们称作“神树”，并把它与三宝太监的事迹联系起来，说是由郑和从西洋带回南京的奇树。

这一说法早在明朝就已见之载录，并非今人的故神奇说。明朝周晖《金陵琐事》载：

> 五谷树有二株，一在皇城内，一在报恩寺，不但结子如五谷，亦有如鱼蟹之形者，乃三宝太监西洋取来之物。

此外，明朝顾起元《客座赘语》卷 1 载：“大内西华门里，内监传旧丞相府中有五谷树，实生五谷，每生一种，则其年此种必大熟，云自海外移至。报恩寺亦有一株，今不知在何处。”可见，该树难得一见，并提到它有年成占验之用，但顾起元未点明它与三宝太监的干系，且当时已去向不明。在清人的著述中，仍有“五谷树”的载录。清朝朱梅叔《埋忧集》卷 7 载：

> 《异识资暇》：金陵有丞相府，胡惟庸所居。园有五谷树，一树而兼五谷，丰歉之征：如其年麦熟，则树发麦叶，黍熟则树发黍叶，五谷皆然。闻惟庸造逆，树发豆，豆皆人面，忽尽落，未几族灭。

此说五谷树不仅能占五谷的丰歉，还能成为主人祸福的征兆。金陵丞相府的五谷树是以树叶为农占之物，而非以果实，这种异说也表明此类树种的珍稀，难以亲见所致。

五谷树在当今显然存留不止两株，据说，在南京市区的郑和公园有两株，在六合区新篁镇丁仁奎家有一株，在苏北建湖县有两株，在南京林业大学、国防园等地也可见之。据南京林业大学教授汤庚国介绍，所谓的“五谷树”学名叫“雪柳”，又叫“过街柳”，属木樨科，落叶灌木，叶子像针形，一般生活在水沟边。春天，一簇一簇米粒大的雪白的繁花开满整个枝头，在秋天结出形状各异的果实。（安莹、胡玉梅：《寻找神树》，《现代快报》2008 年 7 月 25 日）

“五谷树”虽可能是南京的乡土树，但它以占验、观兆的形式进入了俗信民俗，同时又与郑和、胡惟庸等历史人物的传说相联系，遂成为南京的特殊风物，同时它又构成与海上丝绸之路相联系的文化趣谈，有深入探究的价值。

民俗艺术

所谓“民俗艺术”，系指依存于民俗生活的各种艺术形态，作为传承性的下层艺术现象，它又指民间艺术中能融入传统风俗的部分。“民俗艺术”往往作为民俗传统的象征符号和民俗生活化的原生艺术，在岁时节令、人生礼俗、民间信仰、社会交际、衣食住行、消遣娱乐等方面广泛应用。“传承性”“传统性”“风俗性”和“群体性”作为民俗艺术的主要特征，使其具有深厚的文化背景和坚实的社会基础。从主导方面说，“民俗艺术”是以传承性、风俗性对下层社会的艺术创造所做出的文化判断。

民俗艺术包括民俗造型艺术、民俗表演艺术、民俗语言艺术等基本的领域，其类型庞杂，品类繁多。在南京民俗造型艺术方面有木雕、石雕、砖雕、泥塑、纸扎等，其中以高淳的魁头面具、老街斜撑木雕、民宅门楼砖石的高浮雕，以及秦淮灯彩等为代表；在民俗美术作品方面，有绘画、版画等，其中以南京纸马、高淳道画，以及中堂画等为代表；在民俗表演艺术方面，有傩舞、民间舞蹈、曲艺等，其中以高淳的《跳五猖》《大马灯》，以及南京白局等为代表；在民俗语言艺术方面，有传说、歌谣、故事、谚语、方言等，以南京的风俗谣谚和史事传说为代表。

民俗艺术既是民俗，又是艺术，作为一个城市的文化传统，它能展现南京的文化历史和资源价值，又能在一定程度上彰显南京的美学趣味和城市精神。

秦淮灯彩甲天下

灯彩，又称作“花灯”，系用轻质材料制作的有一定造型的灯盏，往往被涂绘得五颜六色，成为节日的符号标志，并发挥照明、装饰、把玩和信仰的功用。

南京灯彩在六朝时即已出现，作为宫廷和府邸的照明装置和特殊装饰，灯笼已启用，且长夜不息。东晋习凿齿《诗灯笼》云：“煌煌闲夜灯，修修树间亮。灯随风炜烨，风与灯升降。”唐朝形成元夕观灯传统之后，灯彩走出宫廷、府邸，陈列于街市，成为万民同乐的符号。明初洪武五年（1372 年）朱元璋下令元宵节时在秦淮河燃放万盏水灯，推动了南京元宵节观灯风俗的兴盛。永乐七年（1409 年），明成祖朱棣“赐百官上元节假十日”，并要求家家户户张灯结彩。永乐十年（1412 年）元宵节，明成祖又在午门外扎鳌山灯，供民观览，连续三日。

从此，南京的新年灯彩形成全国最长的灯节，起于正月初八，至于正月十八的传统一直延续到 20 世纪 50 年代后期，并先后在笪桥、评事街、夫子庙等地形成灯市，后逐步集中到夫子庙地区，因此南京的花灯便统称为“秦淮灯彩”。

秦淮灯彩在应用上，有挂的荷花灯、宫灯、灯笼、走马灯、弹壁灯，提的蛤蟆灯、花篮灯、生肖灯，举的狮子灯、人物灯、飞机灯，拖的兔子灯、羊灯，推的双球灯等。在材料上，古代还有用楮练、纱帛、鱼鱿、羊皮、料丝、羊角等制灯者，而现代有的灯彩，尤其是较大的组灯则采用声光电制作，以渲染观赏效果。

狮子灯

秦淮灯彩作为民俗艺术物品以纸扎的花灯为主，历史上最兴盛时其品种有 300 余种。近年来在灯市及灯展上还大略可见的，植物类有荷花灯、菠萝灯、西瓜灯、南瓜灯、石榴灯、

鱼灯

藕灯、仙桃灯、萝卜灯、花篮灯等；动物类有十二生肖灯、鱼灯、虾灯、蟹灯、狮子灯、蛤蟆灯、恐龙灯、松鼠灯、大象灯、鳌鱼灯、仙鹤灯、骏马灯等；器物类有楼船灯、牌楼灯、飞机灯、元宝灯、花鼓灯、如意灯等；几何纹类有圆形灯、方形灯、三角灯、五星灯、多角灯等；人物传说类的有刘海戏金蟾灯、嫦娥奔月灯、麒麟送子灯、三星在户灯、八仙过海灯、大闹天宫灯、瓜开见子灯等。

秦淮灯彩之所以称作南京的民俗艺术，乃因它传承了数百年的手工技艺。灯彩的制作要经过劈、锯、裁、剪、削、熏、烘、烤、熨、浸、染、扎、裱、写、描、绘、雕刻、装配等数十道工序才能完成，其过程包括选材加工、骨架扎制、外侧糊裱、灯火配置、整体美化等几个基本的环节。在艺术手段的运用上，秦淮灯彩汲取了中国传统的纸扎、绘画、书法、剪纸、皮影、刺绣、雕塑等艺术经验和相关技法，综合了木工、漆工、彩绘、雕饰、泥塑、编结、裱糊、焊接、机械传动、声光音响、电子程控等工艺技巧。（周安庆：《盛甲天下的秦淮灯彩》，载《南京传统手工艺术》，江苏教育出版社 2009 年版）

秦淮灯彩作为中国灯盏的一个代表，沿袭了古人以灯拟星的文化象征观念，是对人星混同、天人合一观念的艺术表达。其文化意义首先在文化哲学方面，即以小小的灯盏寄托了人与自然和谐抱合的愿望；其次，在民俗方面，它与传统的年节习俗结合起来，以全民同乐的欢快基调融入民间生活，使入世乐观的主题常年传承；最后，其意义还在艺术方面，综合了多种民间技艺，强化了传统的人天和谐的审美理想，培育了取法自然的民族审美情感，传布了以集体意识和象征表达为特征的审美观念，从而在深层次上维护了民族的文化遗产。

秦淮灯彩除了一部分灯笼、宫灯、大荷花灯等品种可用以装饰门户、厅堂、居室外，绝大多数的花灯供儿童游戏和成人赏玩，具有玩具和工艺品的性质，近年来制作的微型花灯更增添了摆饰、收藏、把玩的功用。

南京夫子庙灯市

在南京已形成灯节、灯市、灯会合一的传统，点灯、买灯、观灯、玩灯成为春节风俗中最独特的文化现象。尤其是街道上儿童们在灯节期间的提灯聚合与巡游，不仅为南京的节日之夜增添了色彩和光影，也在他们与秦淮灯彩的亲密接触中，培养起快乐温馨的节日情结和对乡土艺术的认知与热爱。

秦淮灯彩的扎灯户在新中国成立之初已发展到百户以上，现虽受历史与社会的影响，扎灯的人家减少了，但仍有数十户继续从业，如果再加上融入南京灯市的郊区和周边市县的扎灯人家，其总数当有数百家之多。例如，在句容石狮乡王家村，全村 60 多户都会扎灯，每年户均制灯 1000 盏以上，最多的达 3000 盏。这些年来，花灯的制作量逐步增加，新品种层出不穷。从 1985 年起夫子庙地区每年举办“金陵灯会”，花灯文化盛况空前。每逢元宵佳节，到夫子庙观灯的市民和游客人山人海，近年竟高达 60 万人次。文化空间一旦形成，就能产生感召效应，目前夫子庙地区的灯彩不仅有地产的秦淮花灯，也吸引来周边城市和外省的各式灯彩，来自江苏扬州、苏州、徐州，以及浙江杭州、陕西、山西、广东等地的灯盏共同汇成了南京的灯山光海，南京作为全国灯彩艺术之乡的文化优势更加彰显。

秦淮灯彩的制作人在灯彩品种选择上各有传统，各具优势，甚至形成了传承世家。以 20 世纪 60 年代为例，中华门东的边营一带的民间艺人，主要扎制荷花灯、狮子灯和飞机灯；门西钓鱼台一带的艺人们，主要扎制鱼灯、花篮灯和红五角星灯；评事街和笪桥一带的艺人们，主要扎制蛤蟆灯、莲花灯；而石坝街和乌衣巷一带的艺人们，有的扎制兔子灯、荷花灯，有的扎制其他的品种。（周安庆编著：《灯彩秦淮》，江苏文艺出版社 2004 年版）正是灯彩艺人对各自特色和传统的保持，才使秦淮灯彩各具风格，人见人爱。

古傩遗存《跳五猖》

《跳五猖》是南京地区现存傩舞中最具代表性的作品，主题突出，结构完整，形象鲜明，角色多样。在高淳的原定埠、桠溪、固城、古柏、阳江等地都留有《跳五猖》的踪迹，甚至它还流布到比邻的溧阳市社渚镇和安徽省郎溪县的定埠等地。在类型上，《跳五猖》旧有“文五猖”“武五猖”“超五猖”“马上五猖”数种，风格各异，所配道具有别，其中“文五猖”的传承状态较好，作为其代表的原定埠韩桥村的《跳五猖》，已成为省级非物质文化遗产保护项目。

《跳五猖》的明场主神是五猖神，而暗场主神是祠山大帝。五猖神，又称作“五通神”“五郎神”，本归于凶神、邪神之列，古人视之为鬼。唐朝郑愚《大沩虚佑师铭》曰：“牛阿旁，鬼五通，专觑捕，见西东。”唐朝柳宗元《龙城录》载：“柳州旧有鬼，名五通。余始到，不之信。一日偶发箧易衣，尽为灰烬。”五倡神的原形为马、豕、鼠、蛇等怪物，能变化形体，专杀人抢劫、奸淫妇女，无恶不作。也有说，其为战死兵士的鬼魂。五猖庙在民间往往矮小简陋，甚至高不过三尺，就像农家的鸡窝一般，表现了人们既敬畏又不屑的复杂心理。五猖神的凶恶被人们用来抵御其他的不吉因素，成为推行“以毒攻毒”的一种手段。在信仰

傩舞《跳五猖》

的演进中，往往出现彼此混同、相互融合的现象。例如，五猖神又与五方神在民间信仰中相混，并以青、红、白、黑、黄五色战袍和面具，分别成为东、南、西、北、中五方的象征，而方位的象征表示又带上了空间观念和吉祥意义。

《跳五猖》的场上角色，就佩戴的面具或套头来说，共有15个，其中，五猖神5个，武士6个，和尚、道士、土地神、判官各1个。和尚、道士一律戴套头，而其余角色均戴面具，当地人称之为“神面”。傩舞演出前，要将所用的神面在香案上放定，燃香设供，由“门司”(又称“天司”)主持祭祀仪式。他一边念咒语，一边将活雄鸡的头拧断，让鸡血喷洒香案前，然后大喝一声道：“上神面！”顿时，四下里鞭炮齐鸣，锣鼓震响，《跳五猖》的舞者们迅即戴上各自表演用的神面，从而进入傩舞的角色。《跳五猖》中的主要傩神是“五猖神”，作为明场中的中心角色在场上起舞，而暗场中的核心傩神则是祠山大帝，和尚、判官作为佛教的代表，道士、土地神作为道教的化身，他们的上场表现了乡野生活中巫傩传统对佛道信仰的包容。至于武士的角色，作为傩神的护卫和随从，用以烘托主神的显赫和威仪。

《跳五猖》的服装有铠甲和长袍文武二式，其中，五猖神着铠甲，道士着道袍，和尚着袈裟，土地、判官着长袍，各对应其身份的特点。傩舞中的道具主要有长刀、扇子、拂尘、钢叉等。五猖神每位双手各执长刀一把，左右挥舞，配合狰狞凶悍的面具，表现出一股肃杀之气。和尚的扇子、细碎慢摇的颠步，一方面点画出胖和尚的滑稽形象，另一方面也以扇子表现遮阳、平衡、掸尘等功用。道士的拂尘是仙道的执物，配合道教的禹步，表现天地相接、阴阳相转。《跳五猖》开场时由武士舞钢叉，其“钢叉”为木制道具，长2尺7寸，直径不足1寸，用彩色布条缠绕，用以舞出“旋风阵”“开场阵”“黑狗穿裆”“背剑”“八卦阵”等套路(朱登琮：《古拙神秘的巫风傩俗》，载《金陵特色文化》，南京出版社2005年版)，在表现功夫的同时，营造开场的热闹气氛。

作为傩舞，高淳《跳五猖》的场次结构由六个部分构成，即“迎神”“降神”“拜神”“布阵”“庆功”和“送神”。

《跳五猖》的驱辟功能主要体现在第四场“布阵”中，借助阵势的

脸色各异的五猖神面具

排列而象征性地表现出来，形成结构完整、中心突出、表演性强、傩意犹存的乡村舞蹈。

《跳五猖》的表演除了象征而夸张的舞蹈动作，例如角色分别使用了踢脚步、碎步、扭丝步、拂尘步、鸡爪步、挥刀步等步法，以表现不同角色的形象特点，还有咒语的念诵。据与高淳比邻的安徽郎溪定埠周泰贤的记忆和笔录，《跳五猖》在门司起神开路时要念诵咒语，并有“文请”和“武请”两种。

在《跳五猖》的音乐方面，在连接高淳、郎溪的胥河两岸，形成了“大锣鼓乐队”“小锣鼓乐队”和“吹管乐队”。就乐器而言，“大锣鼓乐队”有堂鼓、苏锣、大镲、铙钹、小锣、长喇叭；“小锣鼓乐队”有板鼓、大锣、小镲、小锣和堂锣；“吹管乐队”有大唢呐、小唢呐、竹笛等。在音乐曲牌方面，就传统的《跳五猖》伴奏乐说，“大锣鼓”系列有十二番锣鼓、长套、快番、小五套、连环套等；“小锣鼓”系列有小十番、三番头、翁叮上水等；“唢呐曲牌”系列有大开门、大凡调、小凡调等；“竹笛曲牌”系列有柳梢景；等等。就当代传承的《跳五猖》音乐曲牌说，“大锣鼓”有长套、快番、十二番、连环套、小五套；“小锣鼓”有小十番；“唢呐曲牌”有秧歌调、八仙飘海调、洋调、凡调、种麦调；“竹笛曲牌”有洋调；等等。（茆耕茹：《胥河两岸的跳五猖》，财团法人施合郑民

俗文化基金会 1995 年版）

《跳五猖》在乡村中的表演是与祠山庙的庙会活动联系在一起的，构成了当地“出菩萨”庙会中的一项重要活动。这类庙会的具体程序包括：出会—请神出庙—祭祀法事—装饰神庙—傩舞开场—傩神出巡—巡回表演—送神回庙—开台唱戏—庙会结束。傩舞作为庙会的主题活动，寄托了乡民们的傩除功利，即逐疫禳灾、人口平安、年谷丰昌、天下太平。现实的生活追求、虚妄的神灵信仰、象征的舞蹈动作、程式化的过程结构在《跳五猖》的舞蹈中得到了全面的展现，使生活、艺术、宗教、民俗联结在一起。

《跳五猖》的活动由乡村的“五猖会”负责组织。所谓“五猖会”，系乡村社会中自发形成的以主持神灵祭祀、组织庙会活动，并管理祠山庙及其田产，处理相关事务的民间组织。它不对地方的政治、经济、社会等产生制约作用，仅与乡傩和民间宗教活动相联系。高淳的“五猖会”的会首一般由 3 人组成，一名正会首，两名副会首，由乡间有势力的绅士、秀才或德高望重的族长担任。在每年夏历十月初八这天，会首们在祠山神像前卜定出当年出会的“吉日”，并商定当年庙会的规模等有关事宜。由于每年的庙会是由各村轮流承办，因此，担任当年庙会组织的村会首，便成为这次庙会的“总指挥”。（高淳“五猖会”的组织情况由当地刘建军先生提供）

南京傩舞《跳五猖》以头戴面具和套头的方式出演，有专用服装和兵器、执物、马灯之类的道具，其表演在传承地有相对固定的村落空间；傩舞有角色、面具、步法、阵势、音乐，具有突出的艺术观赏性，在信仰表达之外能发挥满足与审美的功能。傩舞作为傩仪的象征，浓缩了仪式的过程，突出了神、人、鬼之间的利害关系，以夸张的动作、强劲的打击器乐、程式化的舞步和阵势、形象奇特的面具和色彩明艳的服装等，强烈地表达了“五谷丰登”和“天下太平”的朴素追求，与傩祭仪式相比，更具有艺术的与生活的气息。

马灯龙舞打水浒

在南京的表演类民俗艺术中，民俗舞蹈比较突出，它传承于四周乡野，往往与民俗节日、传统庙会和其他较大型的地方性文化商业活动联系在一起。南京的民俗舞蹈种类繁多，有大马灯、小马灯、龙舞、打社火等，以及傩舞《跳八怪》《跳加官》《跳灶王》等。它们不仅作为舞蹈艺术在传承，同时早已形成风俗，深深地融入了当地的民间生活之中。

大马灯主要传承于南京高淳东坝一带，据说早在宋朝末年就已出现。大马灯，又称"大竹马"，舞蹈时每盏马灯由二人配合表演。前一人套马头道具站立着扮马的前身，后一人弯腰弓背扮马的后身。他们动作协调，一起奔跑、跳跃，如同一匹匹真马一样，动作流畅、自然。马前有七个少年扮作刘备、关公、张飞、赵云、马超、黄忠等三国人物和报马，他们画脸谱、着戏服、执令旗，以作领马的战将和马夫，并随马灯一起跑阵。东坝"大马灯"的阵式主要有"单穿""列队""勒缰""长啸"等招式。表演中所用的伴奏乐器有大锣鼓、小锣鼓、唢呐、长喇叭等，常用的曲牌有"小击头""四边静""急急风"等。

南京的小马灯主要传承于原高淳定埠、溧水石湫和明觉、江宁横溪等地。小马灯一般由少年扮演，着戏剧服装，涂画脸谱，主要扮演《三国演义》或《杨家将》中的人物。小马灯，一马一人，人立马中，相互追逐跑阵，显得欢腾活泼，气氛热烈。高淳定埠的"小马灯"在阵法上共有9阵，即"大字阵""太字阵""神仙阵""六角阵""梅花阵""紧锁阵""七角阵""八角阵""琵琶阵"等；溧水石湫的"小马灯"在阵法上共10阵，其名称为"剪刀阵""双龙阵""双牌阵""四角阵""单梅花阵""双梅花阵""单元宝阵""双元宝阵""百页阵""螺蛳阵"

南京郊区的打社火

小马灯（溧水）

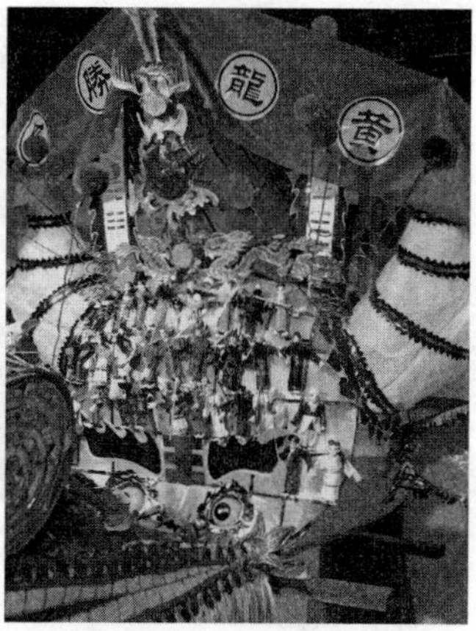

黄龙头（长芦龙灯）

等；江宁横溪的小马灯有12匹马、12个马夫布阵，共排出有12个阵势，即“单八卦阵”“双八卦阵”“双龙起水阵”“元宝阵”“夹你阵”“水波阵”“单八节阵”“双八节阵”“结顶阵”“脱壳阵”等。阵势作为舞蹈造型，既有场上艺术表演的构图需要，又有民俗仪式意义表达的作用，构成了节日舞蹈文化传统的一个重要方面。

龙舞，又称“龙灯”“舞龙灯”，它作为传统节日的庆贺手段和风调雨顺的表达方式在南京城乡的春节民俗活动中并不鲜见。南京的龙舞以高淳淳溪街道的长芦龙灯、栖霞龙舞，以及溧水、江宁等区的龙灯最为著名。

长芦龙灯传说产生于宋朝末年的杨家村，由于村民见水面跃起五条巨龙，而兴起正月十五舞龙灯的活动。长芦龙灯起初模拟所见之龙扎成红、黄、青、白、黑五条，后减为红、黄、白三条，每条长68米，直径0.7米，龙身用竹篾扎成，用布裹缝，龙身缀以剪纸、彩画为装饰。

栖霞龙舞有“栖霞柴龙”和“栖霞滚龙”两种，此外，溧水的石湫龙灯，六合的女子高跷龙舞，江宁丹阳的“孙盖龙灯”等，也各有自己的历史与特点。其中，江宁丹阳龙灯的表演套路有“一字长蛇阵”“双龙戏水阵”“双龙交配阵”“双龙穿裆阵”“雌雄相亲阵”“单螺蛳盘顶阵”“双螺蛳盘顶阵”“双龙出水阵”等阵势，并配合有飞叉、叠罗汉等民间表演。（管秋惠：《踏歌流韵的民间舞蹈》，载《金陵特色文化》，南京出版社2005年版）

石湫龙灯（溧水）

傩舞《跳八怪》

高淳阳江镇的小花村是一个有数千户的大村庄，那里的武术民俗《打水浒》自宋朝起始，经元、明发展，传承至今。虽说它属武术之类，但与高淳傩舞及当地庙会唱戏的传统有潜在的联系。

古柏街道永宋居委会的《跳八怪》是与《跳五猖》有源流关系的民俗舞蹈，被当地乡民称作“超五猖”。它与椏溪镇的“文五猖”，固城镇的“武五猖”，阳江镇的“马上五猖”等，同属高淳傩舞《跳五猖》的系列。

《跳八怪》，又叫《跳八佾》《跳八恺》，既有《跳五猖》的基本形式，又有自身的风格和角色。

《跳八恺》上场表演的人数在百人以上，所用的服装、面具、华盖、旌旗等都以蓝、红、白、黑、黄相配，以分别代表东、南、西、北、中五方。其表演分上下两场，上场由道士、和尚、判官、土地和五位猖神等表演，最后按“天下太平”四字跑阵摆字，与《跳五猖》相类。下场为“收八怪”仪式，增加孙悟空、二郎神、善财童子等角色，在收“八怪”的过程中场面上气势恢宏。（《跳八恺》的有关资料由高淳区非遗保护中心汪士延先生提供）

南京民俗舞蹈的丰富，表明了南京城乡具有浓郁的艺术气息，并从一个侧面反映了南京的悠久历史和乐观开朗的性格。

南京方言唱白局

南京白局是用南京方言说唱的乡土曲艺，也是与南京的特殊行业——机业相联系的民俗文化现象。南京织云锦、宁缎的机房曾遍及城南的门东、门西一带。在清康乾年代，南京机业达到鼎盛时期，全市有织机三万多台，工人近二十万人，机业成为南京的“巨业”，故有“秣陵之民善织”之说。除了城区的门东、门西，在近郊秣陵关、陶吴镇、禄口镇、浦口、六合、燕子矶等地，也都有大量的丝织工人。

机工们弯腰驼背，日夜劳苦，只有在吃饭时大家才凑在一起，说笑唱曲，并诉说工作的艰辛，渐渐地在他们中间涌现出了一批擅长说唱者，被称作“家生玩友”。他们除在工闲时自行玩乐，并在中元节免费表演，因白唱不收钱，故称作“白局”。夏仁虎在《岁华忆语·斋孤》中说：“自七月七日后，……亦有高搭灯棚，清音坐唱者。大率人家无赖子弟，以不受值，故曰走白局。”

白局的说唱用的是老南京话，其曲调主要是“南京调”。在清乾隆时期，“南京调”传入扬州，成为“小唱”的一种常用曲调。李斗《扬州画舫录》卷 11 载：“小唱以琵琶、弦子、月琴、檀板合动而歌。……近来群尚《满江红》、《湘江浪》，皆本调也。其京舵子、起字调、马头调、南京调之类，传自四方，间亦效之。”南京白局曲调丰富，素有“丝弦百曲”之称，并有“曲牌”和“俗曲”的类型划分。其主要曲牌有“梳妆台”“剪剪花”“川心调”“满江红”“银纽丝”“太平年”等，而俗曲有“五更鼓儿咚”“鲜花调”“艺字调”“二簧屏”“下河调”“夸夸调”等。

南京白局的曲目，就传统类来说，有《八仙上寿》《百鸟朝凤》《采仙桃》《智斗霸王》《古人名》《吕蒙正困寒窑》《秦雪梅吊孝》《英台思兄》《卖油郎独占花魁》《采芦蒿》《小寡妇上坟》《二姑娘害相思》《金陵风俗景》《数灯》《南京十杯酒》《相遇十个郎》《机房苦》《乔奶奶骂猫》等，以及《倒城墙》《倒文德桥》《抢官米》《打议员》等。（王涌坚：《乡音土韵的南京白局》，载《金陵特色文化》，南京出版社 2005 年版）白局亦有长篇曲目，如《大明英烈传》《刘驼子私访》等。

其中《机房苦》，既诉苦又滑稽，南京方言用得巧妙多趣，常被人提及并模仿。它说机房老板如何压榨工人，活计既重，伙食又差，其中有段这样的念白，笔者儿时听过，至今留有记忆：

初二、十六当吃肉，它削得如纸薄，突然一阵风，吹到北极阁，我趿着烂鞋头，追也追不着。凭空踩到了茅草桩，戳破了我的脚，我踉而跄地跑回来，连汤都没喝着。我踢翻了他家的马桶，又砸了他家的锅，叫他上不得吃，下不得屙！

念白中除了诉苦，也流露出机工们的反抗情绪。

白局的表演人数为1人、2人、多人不等，一般在台上放有方桌或茶儿，表演者围坐在一起，主唱人击鼓板，乐队选用胡琴、月琴、三弦、琵琶、箫、笙、铙钹、瓷碟、酒盅等伴奏。随着白局职业化的发展，演唱也有收取酬金的“红局”，他们主要在茶楼、游船和堂会上表演，其场子的陈设、布置比较讲究，有屏风、桌案、花瓶等。

南京白局

民国以后，随着机业的萎缩，白局逐渐趋向衰亡，1960年9月在南京市总工会的领导下，组建了“南京工人白局剧团”，聚集了一批老艺人，使停顿多年的白局得到了恢复和发展，除了对一些传统曲目进行整理外，还创作了一些现代题材的新曲目，如《王老头配茶壶盖》《巧相逢》《友谊颂》《母女会》等。在这一过程中，还培养了一批青年演员。白局已从坐唱形式向舞台剧演变，并经常在南京夫子庙人民游乐场、南国书场等处公演，使白局发展到一个新阶段。（吴忠本:《南京白局 秦淮传唱》，载《十里秦淮烟水间》，南京市秦淮区政协学习文史委员会编，2004年铅印本）

1966年“文革”后，白局又遭停演，剧团解散，沉寂了多年，直到20世纪80年代以后才逐步重新受到重视。随着文化遗产意识的增强和传承、保护措施的落实，白局正重返南京的民俗生活之中。为了使南京的这一特色文化得以传承，南京已举办了两届白局培训班，2014年暑假有32位少年儿童参加了培训，并在结业式上登台演出，最小的只有6岁。（孙倩雯、仲茜：《老少同台唱白局》，《现代快报》2014年8月24日）白局在南京的传承正展现出新的希望。

水陆道画称“斗牌”

在南京高淳区博物馆保留了一批从民间搜集来的明清时期的水陆道画，其总数有339幅之多，除少数画轴之外，其他均被当地人称作“斗牌”。画轴画芯长1.7米，宽0.95米；斗牌共302幅，画芯长0.56米，宽0.33米。高淳道画作为乡土道教法会上延神施法的宗教绘画和民俗美术作品，具有文化遗产的特殊价值。

水陆画是随水陆法会的兴盛而出现的宗教绘画，其题材包容了水、陆、空诸界，涉及天上、人间、地狱三界，包罗着释、道、儒及民间信仰中的各路神、佛、仙、祖，成为展示宗教艺术、宗教伦理和宗教民俗的独特类型。

所谓“水陆法会”，又名“水陆道场”“悲济会”，其全称为“法界圣凡水陆普度大斋胜会”。至于“水陆”之名，始见于宋朝遵式（964～1032年）的《施食正名》中“取诸仙致食于流水，鬼致食于净地”句。

山神（高淳道画）

水陆画的形式主要有壁画、卷轴画、纸板画数种，南京高淳的水陆画除少数卷轴画外，绝大多数属于纸板画。由于这些水陆画是画在一层层用纸糊成的厚厚的纸板上的，自重较大，不适合悬挂，在法会时便插于盛有稻谷的笆斗内，故民间以“斗牌”称之。

水陆画一般为工笔重彩人物画，色彩鲜艳，人物突出，线条明晰，对比强烈。其颜料多用矿物颜料和金属颜料，诸如石青、石绿、雄黄、白垩、云母、赭石、金银箔料、金银泥料等化学性质稳定之物。就南京高淳水陆画说，在用色上，以红、蓝、黄为主色调，另用绿、褐、黑、白为辅色调，画面用色饱满，不留空白，具有强烈的视觉冲击效果。

高淳水陆画作为宗教绘画，虽应用于作法的道场，但仍充溢着人生的诉求和浓郁的人伦情感，并在益寿、得财、护民、护童、入仕等功能方面，表现出对生命的敬重和对生活的热爱。

在益寿长生方面，寿神、寿仙的水陆画最能表达俗人对延生、长寿的企盼。例如，西王母作为主生杀的大神进入了道画，她有“不死药”和“三千年一生实”的蟠桃，能使人永生不死。再如麻姑，又称“麻姑元君”，传说为东海建昌人，其年十八九，为衣着锦绣、光彩照人的美丽天仙。她自言曾见东海三次变为桑田，可见寿高无比。传说，每到三月三日王母娘娘的诞日，麻姑总要在绛珠河畔用灵芝酿酒，并作为寿礼献给王母，因有“麻姑献寿”之说。此外，南极仙翁、八仙、葛仙等水陆画，也都意在点画信仰中的益寿主题。

在祈福得财方面，武财神赵公元帅、关公，文财神比干、范蠡，专司赐福的天官和被称作“福德正神”的土地公等，都被民间视作获财得利的信仰对象而收入高淳水陆画系列之中，成为幸福生活、生命价值的通俗体现和文化符号。

妈祖（高淳道画）

在护民护童方面，天妃娘娘、九天玄女、祠山大帝、盘古、神农，以及观音菩萨、慈航真人、碧霞元君、月神等，均有佑生护命的神能。其中，“天妃”妈祖在海峡两岸人民中尤受敬重。妈祖，又有“灵女”“夫人”“天妃”“天后”“天后圣母”“天上圣母”等尊称，作为中国的海神，其信仰起始于北宋，在民间传说中她被赋予了解救海难、除寇平患、助人济困、护国保民等神能。在北宋至清末这段帝制时期，妈祖先后被20个皇帝加封了40次。高淳水陆画中的妈祖形象端庄，色彩艳丽，当地人又把她视作佑生护童的女神。

此外，高淳水陆画中的梓潼文昌帝君表入仕升迁的世俗追求，而《群仙图》则寄托着长生长乐、相聚相亲的人伦情感。

水陆画是点画水陆法会主题的重要手段，它不仅渲染着法会的宗教气氛，更因其对比强烈的色彩、执掌明确的形象、圣俗交融的效果而联系着广大的民众，并成为他们情感与心理的寄托。水陆画中的东岳大帝、北斗星君、酆都大帝、十殿阎王，以及金刚狱、普掠狱、溟冷狱、火翳狱等地狱诸相，不论来自佛教还是道教，其构想总是生死情结的直率表达。

高淳水陆画作为水陆法会的营造背景和渲染气氛的宗教绘画，成为当地民俗艺术中最有价值的遗产之一。高淳的水陆法会在当今虽已消歇，但幸存下来的三百余幅明清水陆画，却让人看到它过去的兴盛和恢宏。高淳水陆画集释、道、儒为一体，其庞大的神系队列反映了信仰与生活的多重联系。它动静结合，显潜互见，圣俗交融，主要以宗教的、民俗的与艺术的方式，展现对生的热望和死的玄想，并表达生者对逝者的眷念。可以说，对生命伦理的关注是水陆画及其法会的主题。

绒花羽扇折纸扇

南京的民俗艺术，品类众多，特色鲜明，其中能代表南京的特色与优势的品种不少。例如，南京剪纸以喜花为主，具有“花中有花，题中有题，粗中有细，拙中见灵”的特点；南京金箔经千锤百炼和十多道工序，能打出光滑油亮、薄如蝉翼的“乌金纸”，被《天工开物》称为“人巧造成”的“异物”；南京纸马具有明朝的版印风格，并早在明初已随屯驻人员带入云南，成为云南纸马的源头；金陵竹刻自成一派，以浅刻、简刻著称，虽雕镂不深，但层次不减，其中的“陷地浅刻”的技法被称作“绝艺”；而始于元朝的南京云锦，包括“库缎”“库锦”“妆花”三大类，工艺复杂，两人合作一天仅能织出几厘米，但成品富丽典雅、祥瑞喜庆，成为上至宫廷、下至百姓人见人爱的艺术精品。

南京的绒花、羽毛扇、折纸扇等，也是南京民俗艺术中不能不提及的重要品类。

绒花作为手工饰品，是南京独特的民俗艺术，有着久远的传承历史。据说，绒花的制作工艺起始于唐朝，到明清时期已规模空前，并发展为南京的一项与丝织业相关的特色产业，在南京的绒庄街、马巷、三山街一带形成集中的制作与销售街区。

南京云锦

绒花以蚕丝为主要加工原料，其作品以妇女的各类饰品为多，诸如鬓头花、帽花、胸花、脚花、罩花等，也有儿童用、戏剧用及家室摆饰用的制品，其中以头花为主要品类，销路最广。绒花的制作有拣丝、染色、下条、打尖、传粘等道工序，在制作方法上有绕绒、刮绒、滚绒数种。绒花的制作基础是做绒条，即将染色的脱脂生蚕丝与细铜丝黏合在一起，剪成粗细不一的绒条，经剪切、围卷、缠扎而盘制出各种造型的作品。

绒花，谐音“荣华”，是取意吉祥的民俗艺术品。绒花经染色，色彩有几十种之多，其中多用暖色调，尤以大红、水红、桃红为主。绒花的构图常选用民间熟悉的吉祥图案，例如：蝙蝠、桃子和两枚铜钱同图，叫作“福寿双全”；门楼与鲤鱼同图，叫作“鱼跳龙门”；蝙蝠与铜钱同图，叫作“福在眼前”；石榴与花朵同图，叫作“榴开百子”；等等。绒花在使用上，也因对象不同而各有选择。拿头饰说，未婚姑娘选用“鱼跳龙门”“事事如意”；新娘选戴“凤冠”“龙凤呈祥”“鹤鹿同春”“凤凰双喜”；已婚妇女插戴“麒麟送子”“榴开百子”“金玉满堂”之类；老太太们则头插“福寿双全”“必定如意”之类的绒花。不同的民俗节日，也用不同绒花制品，例如春节戴“连年有余”“吉庆有余”“百事大吉”，端午节戴“老虎花”“五毒符”“石榴花”“龙船花”，中秋节戴“兔子拜月”“犀牛望月”等。南京人除了“一事三节”（婚嫁喜事、春节、端午节、中秋节）戴绒花外，还用花鸟虫鱼、舟船建筑、龙凤花烛、花卉盆景等较大型的绒花制品作为宅室中案头的摆饰，以增加室内的色彩和情趣。

绒花在明清时期作为贡品而进入朝廷，构成“宫花”的一大来源。在清朝，官府在南京设有银作、铜作、染作、衣作、绣作、花作、皮作、帽房、针线房的“七作二房”，其中的“花作”就管绒花的制作。绒花的生产在南京直到20世纪50年代还比较兴盛，在绒庄街一带还曾有几十家小作坊在制售，后建立了“艺美绒礼花合作社”，“文革”中被作为“四旧”而停产，80年代复建工艺制花厂，但好景不长，渐渐滑向人亡艺绝的境地。目前，

凤凰双喜（绒花）

南京绒花作为省级非物质文化遗产项目而受到保护，但传承人寥寥无几，分散零落，这一项目尚处抢救、保护的阶段。

羽扇，又称“羽毛扇”，古时多用野生禽鸟的羽毛制作，或鹰雕，或大雁，或天鹅等，后世亦用鹅毛等家禽的羽毛，贵贱不一。晋朝王嘉《拾遗记》卷2载：昭王“二十四年，涂修国献青凤、丹鹊各一雌一雄。孟夏之时，凤、鹊皆脱易毛羽。聚鹊翅以为扇，缉凤羽以饰车盖也。”孟夏是凤鹊的脱毛季节，也是古人收集羽毛制扇的时节，这一传统看来至少已有3000多年的历史了。羽扇在汉末盛行于江东，在东晋时期其制作从十羽减为八羽，扇柄由刻木像鸟骨而改为长柄，南京位于江东，又是东晋的都城，羽扇的繁盛和改良当与南京地区有一定的内在联系。

南京的羽扇制作目前主要传承于高淳一带，其历史可追溯到明初，并在嘉靖年间成为上贡朝廷的贡品，每年端午节前高淳须上贡的羽毛扇为360把。高淳地域有固城湖、石臼湖、丹阳湖等较大面积的水面和湿地，草木繁茂，禽鸟翔集，有羽毛收集的便利，有立夏馈赠羽扇的“送夏”风俗，使羽扇行业长盛不衰。在20世纪20年代，高淳羽扇的从业人员达100多人，年羽扇产销量达数十万把。高淳羽扇行销省内外，1914年曾受邀参加过“巴拿马国际博览会”，受到赞誉。

南京高淳羽扇按原材料分，有雕毛扇、鹰毛扇、鹤毛扇、雁毛扇、鹅毛扇、鸭毛扇、鹭鸶羽扇等。除羽毛主料外，羽扇制作的辅料主要有木制扇柄、铁丝、棉线、尼龙绳、塑料皮等；制作工具则有剪刀、钳子、锥子、毛刷、穿针等。羽扇的制作工序有十余道，包括选料、穿排、复洗、染色、理毛、修毛、接管、扣扇、装柄等。（吴海燕：《声名远播的高淳羽扇》，载《南京传统手工艺术》，江苏教育出版社2009年版）

高淳羽扇

折纸扇，又称“折扇”“聚头扇”“折叠扇”，在我国的北宋时期就已出现。折扇因小巧雅致，轻便易携，受到各类人士的青睐，到明朝我国的制扇业已十分发达，用扇已经成为社会性的风俗。南京的折扇也在明朝有了较大的发展，形成作坊群和行业性的街区，直到今天在秦淮河南岸还留有“扇骨营”的地名。

金陵折纸扇的扇骨除了用竹制、檀香，也用红木、鸡翅木、紫檀木、象牙、玳瑁等贵重材料。扇头多经过镂雕、磨刻，在明清时期南京折扇已形成多种样式，有“瓶式”“荸荠头”“橄榄头”“玉兰头”“方头”“圆头”“金鱼头”等；而扇骨的大边镂雕有“如意头”“琴式”“水浪式”“螳螂腿”等。扇骨还有镶嵌的工艺，所镶嵌的材料有象牙、红木、玳瑁、珊瑚、玉石、金银、贝壳等。（王克瑶《金陵折扇 儒雅超凡》，载《十里秦淮烟水间》，南京市秦淮区政协学习文史委员会编，2004 年铅印本）金陵折扇的扇骨多以竹为主，所选品种有白竹、方竹、老粽竹、湘妃竹、罗汉竹、樱桃竹等。加上其他材质的扇骨，诸如烤漆、红木、乌木、紫檀木、鸡翅木等，金陵折扇的种类共有 100 多个品种。

金陵折扇的生产地主要在市内的老城南地区和城外栖霞、龙潭一带，清末时有制扇作坊 2000 余家，产量在 100 多万把。制扇的工艺比较复杂，以竹扇骨为例，除了选材的有关工序，扇边制作有“选边”“拖皮”“断边”“扦边”“削边”“锥眼”“钉边”“锉头”等工序；扇芯制作有“选头”“锥眼”“水泡”“穿眼”“倒料”“拉料”“晒芯”等工序；成扇制作有“光骨”“打号”“铲芯”“割头”“下边”“铲梢”“割梢”等；而扇面制作的工序，包括“选材”“裁料”“刷矾水”“晾干”“裱面”“折边”“切边”“延边”“穿骨”“粘边”等。（王克瑶：《雅韵扑面的金陵折扇》，载《南京传统手工艺》，江苏教育出版社 2009 年版）

金陵折扇的扇面上一般另有名家的书画作品，更显高雅名贵。同时，它又是百姓们喜爱的夏令物品，不分阶层，人人可用，成为雅俗交融的民俗艺术之作。

歌谣声中见风俗

神话、传说、故事、歌谣等，都属于语言类的民俗艺术，这些文化资源在南京也比较丰富。就歌谣而言，除了婚嫁歌谣、建筑歌谣等仪式歌谣，有关南京的城门、南京风俗的歌谣更是地域特色鲜明的民俗艺术作品。我们在此收录《中国歌谣集成·江苏卷》（中国 ISBN 中心 1998 年版）中的两首，以体味其中的生活与情趣。一首是由华秀成口述，毕旭初采录的《南京城门谣》：

金陵古城城门大，
里城外城甲天下，
里十三，外十八，
一道门闩外面插。
三山聚宝临通济，
神策金川与小东，
洪武朝阳定太平，
仪凤清凉到石城。
江东驯象只一家，
安德凤台一枝花，
双桥夹岗在山凹，
高桥上方有八家，
沧波麒麟走天下，
尧化仙鹤人人夸，
上元佛寺无人家，
童子跪拜观世音，
栅栏崇潼人害怕。

歌谣述说了南京明城墙的十三座城门，以及外围城郭的十八座门，以城门展现了南京的城市格局和固有的风情。

另一首是由梁汉成演唱、董志涌采录的《南京风俗景》，按岁时节序唱出了南京的地方民俗：

冬去春来百花开，
一年之计在于春。
大年初一头一天，
上席桌上供的是天竺和蜡梅，
大厅上面点着元宝荷花灯。
有钱人出门去拜年，
头戴缎子红顶小白帽，
骑马坐轿有人跟随。
咱们穷人也把年来拜，
“恭喜发财”讨吉利，
只求平安过一年。
正月初八日，
评事街有个虾灯会，
有一班的年轻人，
打的锣鼓家伙——
是七字长锤，
正月十五是灯节，
上灯元宵落灯面。
正月十六玩城头，
一年只得这一回。
北京来的钦差张之洞，
一门头心思搞洋务，
大街小巷的马路上，
东洋车子来回追。
二月二，龙抬头，
家家门口接女儿。

三月里是清明，
家家门头插杨柳，
拿着饭食和元宝，
南门城外祭坟头。
雨花台有个风筝会，
蜈蚣风筝几丈长，
小风筝上天带响头。
满山窟窿去找雨花石，
石头棺材装的是马回回。
三月二十八，
双桥门有个东岳会，
龙舟凤辇奏仙乐，
卖甘蔗荸荠谁都会，
东关头的花子手上玩着蛇。
四月初八，
汉西门外放生会，
有一班的斋公太太，
手拿佛珠，拎着鲫鱼，
念的是观音老母大慈悲。
一进门，
和尚道士手拿大铜壶，
益碗泡茶沏上一杯，
花样头的素饭端上来。
吃过饭，
和尚道士来收碗，
碗里头放着四角钱，
阿弥陀佛结结缘。
五月初五端午节，
金河老龙犯下罪，
家家户户挂钟馗，

门头上菖蒲像宝剑。
六月初六荷花会，
秦淮河花船排长队，
荷花灯儿水上漂，
南曲北妓声声泪，
夫子庙里人挤人，
六朝遗风人心碎。
……
三十晚上鞭炮响，
家家户户贴红钱，
大门外贴下门神对，
黑脸是尉迟恭，
黄脸的叫秦琼，
把门将军就是这二位。
除夕晚上过新年，
家家户户要团圆，
全家上下来守岁，
子子孙孙辞旧年。
爷爷奶奶心头乐，
掏了一大把压岁钱。
冬去春来又复始，
万象更新又一年.
我唱“南京风俗景”，
到此就要收住弦。

这类以歌谣形式唱念民俗的作品，其本身就是民俗与艺术的自然结合，它主要借助语言媒介传导出南京风俗文化的历史信息。

饮食风俗

南京人的饮食可大致分成节日食品、应时尝新、日常菜蔬、特色菜肴和风味小吃几大部分，其中不少已形成南京的地方风格和饮食习俗。

在节日食品方面，尤其以除夕的年夜饭和新年的拜年食品最有特色。年夜饭中上桌后不得下筷的红烧整鱼、以十种或十种以上蔬菜炒烩成的“十景菜”、南京板鸭或盐水鸭冷盘、南京的香肚和香肠、清炒瓢儿菜、荠菜炒香干、蒌蒿炒香干、慈姑或豆腐果烧驼猪肉等，都具有宁地的特色。其中，“驼猪”肉来自南京南乡，是新年祀神、供宾客、给年用的上品。陈作霖《金陵物产风土志》：“金陵南乡人善豢之，躯小而肥，俗呼驼猪。岁暮始宰，以祀神、供宾客、给年用，非市中所常有。”（载《金陵琐志九种》，南京出版社 2008 年版）

应时尝新，即顺应季节时令的变化，吃新上市的菜蔬食品。例如，春天吃野菜和韭菜、螺蛳、香椿等，夏天吃苋菜、瓜豆，秋天吃螃蟹，冬天吃菘菜、萝卜等，各有应时之鲜。其中，野菜除了荠菜、马兰头、枸杞头、苜蓿头等，菊花脑、蒌蒿等也是宁地特有的半野性的蔬菜，成为南京人食谱中的特色。

日常菜蔬，大多萝卜、青菜、苋菜、空心菜、笋瓜、菜瓜、冬瓜、腌菜等，其中瓢儿菜、大萝卜、“水八仙”、“旱八仙”、南乡米等，也都是南京的优势物产。

特色菜肴主要指南京的名优物产及其加工的制品，主要有盐水鸭、咸板鸭、烧鹅、香肚、香肠、玫瑰酱、油不滋（风青菜心）、菊花脑蛋汤、松鼠鳜鱼、素烧鸡、素烧鸭等。

南京的风味小吃品种繁多，包括各类包子、饺子、锅贴、馄饨、烧饼、发糕、孛娄（玉米）、山芋、老菱、熟藕、元宵、酒酿、油馅、鸭血粉丝汤、牛肉汤、糖粥藕、糖芋苗、油炸干、回卤干、五香蛋、甑儿糕等。它们大多也呈现于“吃下昼”的习俗中。

南京的食品丰富而不奢靡，表明了地方物产的丰饶和饮食风俗的俭朴，在一定程度上直观地反映出南京的城市风尚和生活传统。

旱八仙与水八仙

南京人有吃野菜的传统，俗话说“南京一大怪，不爱荤菜爱野菜”“家家春夏吃野菜”。就连久别南京到外地谋生者，每当返宁，总要买回很多的野菜一饱口福。野菜不仅唤起了他们的童趣回味和青春记忆，而且成了他们心中与故土南京割舍不断的“乡愁”。

南京地处水网与丘陵交叉的地带，野菜品种繁多，据统计，可食用的野菜有100多种，仅紫金山上的野菜就有140余种。不过，南京人吃野菜主要在春季，以“头”类的品种为主，而夏天的花、果实类和秋天的根、茎类相对食用较少。

春天食用的野菜有荠菜、苜蓿头、马兰头、枸杞头、香椿头、马齿苋、蒌蒿、菊花脑、鹅儿肠等，它们除了清凉可口，还有保健与治疗的药用价值。上述野菜，除了菊花脑，又合称为“旱八仙”。

荠菜，属十字花科，一二年生草本，春天开花，总状花序，花小，白色，性喜温和，耐寒力强。荠菜虽不起眼，却早已受到民间的歌咏和文人的关注，春秋时已载录于《诗经》之中，如《诗·邶风·谷风》中就有“谁谓荼苦，其甘如荠”之句。荠菜不仅口味甘甜，且有止血、止痢等药物功效，被古代药书称作“护生草”。荠菜的品种很多，有大、小荠菜之分，其名称据《广群芳谱》引《野菜谱》载，有“江荠”“倒灌荠”“蒿柴荠”“扫帚荠”“碎米荠”等，有的供食用，有的作燃料，有的可入药，各有其用。

作为甘美野蔬，荠菜多为古人所钟爱。宋朝苏东坡称荠菜“极美”，“为幽人山居之禄”和“天然之珍”（《广群芳谱》卷15），具有“味外味之美”（清末民初龚乃保：《冶城蔬谱·荠》）。

荠菜的甘美不独为古人所赞，也为现代人所爱，南京人尤爱吃荠菜，荠菜可以清炒，荠菜花一般用来煮蛋汤。南京人把夏历三月三日作为荠菜花的生日，传诵着“三月三，荠菜花赛牡丹”的谣谚。荠菜包子、荠菜圆子、掺入荠菜的“十景菜”、荠菜炒香干等，仍被南京人视作胜似佳肴的美食。

苜蓿，一名“木粟”，又叫“怀风”“光风草”“连枝草”，本为塞外菜，传说由张骞自西域大宛国带回中土。苜蓿叶似豌豆而小，三叶攒生一处，开小紫花或小黄花，嫩时人可食用，长老后用来牧马。唐宋时苜蓿已成为常见的盘中之餐，唐朝薛令的《自悼》诗云：

朝日上团团，
照见先生盘，
盘中何所有，
苜蓿长阑干。
……

宋朝诗人陆游则有“苜蓿堆盘莫笑贫”句，可见苜蓿是野生野长、取之无禁的野菜。关于其食用之制，《广群芳谱》载：“叶嫩时炸作菜，可食，亦可作羹。忌同蜜食，令人下利。”（《广群芳谱》卷 14）苜蓿头在南京是常见的野菜之一。

马兰头，即“马兰”的嫩茎叶，属菊科，多年生草本植物，它又有“紫菊”“阶前菊”“鸡儿肠”“竹节草”“马兰菊”“蟛蜞菊”“红梗菜”等别称。马兰头在南京郊外的潮湿地带尤多，是春季市民挑野菜的主要采集对象之一。马兰头红梗绿叶，表面粗糙，叶面上下有短小的细毛，含有钙、磷、铁、钾、胡萝卜素、维生素 B 等元素。马兰头香味浓郁，清凉爽口，不仅可炒食、凉拌或做汤，而且有药用的价值，能清热解毒、散瘀止血，主治感冒、急性喉炎、扁桃体炎、痈肿溃疡、饮食积滞、黄疸、丹毒等。马兰头作为比较清凉的野菜，受到南京人的喜爱。

枸杞头，即枸杞的嫩芽，为茄科木本芽苗菜。枸杞，又叫“枸棘”“天精”“地仙”“地辅”“地节”，还被称作“仙人杖”“西王母杖”等，俗称“甜菜”。《广群芳谱》卷 100 载：枸杞，“处处有之，春生苗叶，如石榴叶，而软薄堪食，俗呼为甜菜。”枸杞很早就受到古人的重视，《诗经》中有“陟彼北山，言采其杞”之载，而宋人苏东坡有“新芽摘杞丛”之句，可见，枸杞头的采摘由来已久。苏东坡还写有《后杞菊赋》，言及“春食苗，夏食叶，秋食花实而冬食根”。枸杞头的吃法很多，可清炒、凉拌、生煸、炒春笋，还可做羊肉羹、豆腐羹、鸡蛋羹等。枸杞有清火明目、补肾养肝的功能，能治阴虚内热、头晕目糊，补五劳七伤。唐朝诗人刘禹锡称枸杞“上品功能甘露味，还知一勺可延龄”，即说它好吃又益寿。

马齿苋，又称“马苋”“五行草”“五方草”，又叫“长命菜”“九头狮子草”，《本草》说它一名“马齿龙牙”。马齿苋为一年生草本植物，其茎紫红色，其叶暗绿色，叶扁平、肥厚，形似马齿，故名。又由于其叶边上有小锯齿，因此才又有“马齿龙牙”之谓。马齿苋耐热、耐旱、耐涝，生长于田间、路边、庭院，生命力很强。作为南京人夏秋时节的野菜，它具有药膳的功用。马齿苋主治清热解毒，散血消肿，能解酒止泻，治产后虚汗和多年恶疮等。据《野菜谱》所录，马齿苋有“水马齿”和“旱马齿”两种，“水马齿生水中”，二者均可熟食。（《广群芳谱》卷 14）南京人所吃的马齿苋多为“旱马齿”，除了鲜马齿苋，还晒成干马齿苋，留作其他季节食用。南京人把除夕吃的干马齿苋称作“安乐菜”。马齿苋的食用方法主要是炒鸡蛋、凉拌和烧肉，是南京人喜爱的又一种野菜。

蒌蒿，又称“芦蒿”“白蒿”“水蒿”“藜蒿”“蒿苔”“龙蒿”，还叫作“水艾”“龙艾”“香艾”等。近代以来，南京人称这种野菜为“芦蒿”，可能是“芦”与“蒌”因音近而讹的结果。蒌蒿为菊科多年生草本植物，其叶有柄，叶背有细密的灰白色小毛，正月根芽抽茎，夏秋之际开花，多生于水边堤岸和湿地。蒌蒿有药用价值，李时珍《本草纲目·草部》卷 15 载：蒌蒿，“气味甘平，无毒，主治五脏邪气，风寒湿痹，补中益气，长毛发，令黑，疗心悬。少食常饥，久服轻身，耳目聪明，不老”。古人对蒌蒿的采集在《诗经》中已有所提及，当作为食用。苏东坡诗云：“蒌蒿满地芦芽短，正是河豚欲上时。”黄庭坚有“蒌蒿数节玉簪横”“蒌蒿芽甜草头辣”的诗句，耶律楚材则有“细煎蒌蒿点韭黄”之句。显然，在宋元时期蒌蒿已成为餐桌上的风雅美食。南京人沿袭着吃蒌蒿的传统，江心洲、八

干马齿苋

卦洲等地盛产蒌蒿，长期以来为他地所羡慕。蒌蒿可以凉拌，也可炒食，蒌蒿炒香干、蒌蒿炒肉丝在南京是既富盛名又很普通的家常菜。从20世纪90年代开始，在南京已尝试人工栽培蒌蒿，现已有品种数样，其中以“小叶青梗蒿”最受人们的喜爱。

菊花脑，一名“菊花郎”，又称“菊花叶”“菊花黄”“路边黄”，是南京人最爱吃的野菜之一。在60多年前，仅南京人把它作蔬菜食用，他地很少有人问津。菊花脑属菊科草本植物，与野菊花为近缘关系，它长在荒野路边、篱下墙脚，生命力极强。菊花脑的生长多呈半匍匐状，分枝性强，9月后开小黄花，12月结籽。其品种有大叶菊花脑和小叶菊花脑两种，食用以大叶菊花脑为好。南京人用菊花脑凉拌、清炒或炒蛋，并常用来烧菊叶蛋汤，都清香爽口，特色鲜明。菊花脑不仅是野味佳蔬，也有药用的性质。它有清热解毒、开胃降压、明目提神的功效，主治眼目昏花、肝肾阴虚、心烦口苦、目赤多泪、头痛眩晕，以及高血压等症。晋朝傅玄《菊花赋》称：“服之者长寿，食之者通神。”归属菊科的菊花脑，当然也包括其间，被古人视作能“轻身延年”的“神仙食”。

上述是南京人时常食用的野蔬。其中荠菜、蒌蒿等最受欢迎，也最为普遍，近年来同菊花脑一样已能人工栽培。

吃野菜是南京的特色饮食风俗，在南京的蔬菜中除了有“旱八仙”，还有“水八仙”，但“水八仙”大多早已经过了人工栽培，成为岁岁应市的家常蔬菜。至于“水八仙”的品种，一般包括下列八样：藕、菱、慈姑、芡实、荸荠、水芹、茭白、茭儿菜。过去，在南京的水西门外，即当今的河西地区，包括江东乡、双闸乡、沙洲圩、江心洲、八卦洲等地，是盛产“水八仙”的地带。

藕，在南京的产量很大，除了江东乡、沙洲圩等水乡地带，南京的玄武湖、莫愁湖、南湖等也曾广植莲藕。藕不仅作为蔬菜食用，还可当水果生吃，对鲜嫩的“花香藕”，市民们主要用来生吃，它香甜脆嫩，是孩子们喜爱的零食。作为蔬菜，藕主要用来炒食，可切片、切丝，糖醋藕片、大葱炒藕都是不错的家常菜。还可烧汤，也可在藕孔中灌入糯米成段地整煮成熟藕，或制为蜜汁藕，亦可加工成藕粉，成为清香甜糯的特色食品。

菱，有种植的和野生的区别，野生的一般较小，且多角多刺，有四角菱、三角菱、刺菱等品种，而种植的菱角多为两角，古人把两角的品种才称作“菱”，其中的红菱最为人爱。因菱角的外形有似蝙蝠的图样，而蝙蝠在传统吉祥图案中又作为“福”的象征，因此红菱就有“洪福”的取义。旧时南京南湖所产的红菱最为著名，被说成“其味极鲜美，老时亦实大而肉坚”（民国张通之：《白门食谱·南湖菱角》）。南京人不仅爱吃红菱，还把红菱作为中秋节祭月的时令供品。菱、藕在秋季常同时入盘上桌，成为“余品莫争妍”“奇功更耐老”的佳品。（《广群芳谱》卷66）

慈姑，又名“藉姑”“水萍”“地栗”“茨菰”等。关于“慈姑”名称的由来，据《广群芳谱》卷66载：“慈姑，一岁根生十二子，如慈姑之乳众子，故名。《尔雅翼》云，岁有闰则生十三子。”人们在五、六、七月采其叶，而在正二月采根。其根大者如杏，小者如栗，色白而莹滑，煮熟则甘甜。南京人用慈姑烧肉或烧鸭，也可切片或切丝炒食，是南京地区冬春时节的佳蔬。

芡实，又名“芡”“鸡头”“雁头”“鸿头”，南京人俗称“鸡头果”。芡实生水泽中，三月生叶紧贴水面，五六月开紫花结苞，苞上有刺，花开苞顶如鸡喙，包内结子，去壳有白熟如芋可食，治心痛气结病，被古人说成“久服身轻不饥，耐老”。（《广群芳谱》卷66）鸡头果在秋天上市，宋朝苏辙《食鸡头》诗云：“此物秋来日常食。”南京人常在秋天里将煮熟的鸡头果给小孩作零食吃，在50年代其价格低廉，1分钱就可买一小茶杯。可以说，鸡头果已融入了老南京人的童年记忆之中。

菱角

荸荠，又名“荸脐”“凫茈”“乌芋”“地栗”“马蹄”等。荸荠生浅水中，三四月出土，秋后结根，皮薄肉白，外表淡紫光洁，生熟皆可食用。荸荠有“猪荸荠”和“羊荸荠”之分。据《本草衍义》载：“皮厚色黑，肉硬而白者，谓之猪荸荠；皮薄泽色淡紫，肉软而脆者，谓之羊荸荠。”荸荠有消渴、除胸热、厚肠胃、消宿食、治血痢、消误吞铜铁等功效。荸荠甘甜脆嫩，可作水果生吃，也可经炒、煮熟食，是旧时儿童喜爱的零食之一。

水芹，为芹菜的一种，又名“水英”。芹菜有水芹和旱芹的区分，水芹生江湖陂泽之涯，二月生苗，五月开细白花。味甘芳香，有止血养精、益气止烦、去伏热、降血压、令人肥健之效。水芹多用来炒食，水芹炒千张是一道可口的家常菜。一些人家的除夕年夜饭上必有水芹，以讨“路路通畅”的吉利。在明朝，南京的水芹主要产地在安德等乡，并曾作为岁贡朝廷的贡品。

茭白，南京人称作“茭瓜”，长于水塘边水下，有生津、止渴、去热、利尿的功用。茭白皮青白、光洁，肉白，其味微甜，可生吃，但南京人主要用来做菜。一般切成片或切成丝，用它炒肉丝，炒毛豆米子，还可切成块子烧肉，都是可口的一道南京菜。南京的茭白以后湖（玄武湖）所产最为著名。据民国张通之《白门食谱》载：“后湖之茭白，肥而嫩，易烂而味鲜。他处所产，多不能及。用以作面饺，或炒猪肉丝，皆可口。……和豆煮，晾干食之，名曰茭瓜豆，其味亦佳。金陵人士尝爱食之也。”

茭儿菜，生洲渚中，四五月份采摘，去外裹的长叶留其嫩心，一般仅留二三寸长，粗如小指。茭儿菜与茭白其实是两季菜，四五月份是茭儿菜，八九月份成了茭白。茭儿菜鲜嫩肥白，可炒肉丝，可做蛋汤，其味鲜美，也成为南京地区的时鲜特色菜。

“旱八仙”与“水八仙”分别以野菜和水生的蔬果构成南京的物产特点，也形成了南京人的饮食风俗。

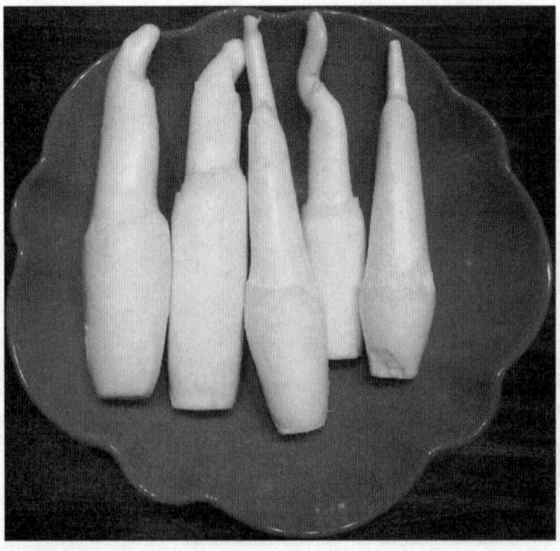

茭白

南京蔬菜大萝卜

南京人不仅爱吃野菜，也对一些地产蔬菜情有独钟。韭菜、苋菜、瓢儿菜、大萝卜等，都是人们经常食用的南京名产。

南京人对时鲜蔬菜有“春韭冬菘”之说。所谓“春韭”，又称“早韭”，前人有“山中佳味，首称春初早韭”的评价。《说文》云，韭菜，一种而久者，故谓之“韭”。韭菜，又名“丰本”“起阳草”“草钟乳”，因其不须岁种，还叫作“懒人菜”。

韭菜早在春秋时期就已受到古人的关注，并进入国人的食谱。《诗·豳风》中有“献羔祭韭”之句，《礼记·王制》有“庶人春荐韭”之载。此外，还有把韭菜与尧帝相联系的说法。梁元帝《玄览赋》曰：“金盐玉豉，尧韭舜荣。”甚至还有说，韭是尧时天星降精所化。《广群芳谱》卷13引《典术》云：“圣王之世，功济天下者，尧也。天星降精于庭为韭。”此说虽不足为训，但反映了韭菜自上古起便受到人们的重视。韭菜除了炒鸡蛋、炒千张，还可以做春卷，是美味可口的佳蔬，南京清凉山后的韭黄尤为著名。

苋菜有红、绿两种，是夏季南京人常吃的蔬菜。六七十年前南京城内有多个菜园种植苋菜，有王府园、门西万竹园、双塘、胡家花园，以及东花园、张府园、郭府园等处，其中以王府园和万竹园的苋菜最为著名。据民国张通之《白门食谱》载：“王府园苋菜，只一种绿色。夏日取与虾米炒熟食，风味绝佳，任何菜不能及。乡前辈有客居他省者，每届夏日，辄思食此，而动归思。”苋菜因“风味绝佳”而能触动旅居外省的南京人的乡愁，可谓独具魅力。南京人炒苋菜，除了放小虾米，通常是适量地放入大蒜瓣子，并注意“淡、烫、烂”，即避免咸、冷、硬的口感。红苋菜味不及绿苋菜，但小孩子们挺喜欢，他们把苋菜卤倒入米饭中，拌成红饭，又新奇又好吃。

瓢儿菜是南京特有的佳蔬，古人所说的“春初早韭，秋末晚菘”的“菘”，即指瓢儿菜、白菜之类。民国陈迺勋《新京备乘》卷下载：“今之瓢儿菜，叶短而大，其心簇黄，味甘而腴，于北地白菜外，别饶风味，或谓即菘菜。”《金陵琐志九种·炳烛里谈》卷下说：“江南菘之美者，冬日有瓢儿菜，叶短而大，其心簇黄，他处所未有也。”南京人冬天爱吃瓢儿菜，甚至认为有了瓢儿菜，能使“羔豚为之减色”（龚乃保：《冶城蔬谱·瓢儿菜》）。瓢儿菜外绿中黄，环抱极紧，其叶短而大，叶上有皱，或作泡状。瓢儿菜一般用来清炒，亦有用它烧豆腐或烧豆腐果，但汤水不宜多加。瓢儿菜既是南京的时鲜菜蔬，又构成了南京人冬日的饮食风俗。

大萝卜作为南京的特色蔬菜，甚至在近代以来成为南京的城市符号和南京人的性格标志。南京盛产萝卜，红皮白心，个头较大，一个往往在半斤以上。龚乃保《冶城蔬谱》载：萝卜，“吾乡产者，皮色鲜红，冬初硕大坚实，一颗重七八两。质粉而味甜，远胜薯蓣。窖至来春，磕碎拌以糖醋，秋梨无其爽脆也”。这胜似秋梨的萝卜，当然是佳蔬中的上品。

南京萝卜作为品质上乘的蔬菜，尤以板桥所产的萝卜最负盛名。据张通之《白门食谱·板桥萝卜》载：“板桥所产萝卜，皮色鲜红，肉实而味甜，与他处皮白而心不实者，绝不侔似。无论煮食或煨汤，皆易烂，而味甜如栗。肉生食切丝，以盐拌片刻，去汁，以麻油、糖、醋拌食；或加海蜇丝，其味亦佳，且能化痰而清肠胃也。”此外，萝卜切成块状用酱油烧肉，也成了一道美味的南京家常菜。

萝卜被古人称作“蔬中之最有益者”，能止咳嗽，去痰癖，肥健人，令肌肤细白，被古人当作“功多力甚”的“养生之物”。（《广群芳谱》卷16）一般沙壤中的萝卜脆而甘，生瘠地里的则坚而辣。南京萝卜最大的可达数斤之重。据传，在1910年的南洋劝业场上曾陈列过一个硕大的南京萝卜，受到人们普遍的赞叹。民间有“冬吃萝卜夏吃姜，不劳医生开药方”的俗谚，萝卜既养生，又可口，它敦实厚重，里外如一，安土本分，甘于淡泊，成为南京人性格的象征。萝卜这种在物人间的有趣联系，使其在南京人的心目中具有了超越其他蔬菜的文化地位。

点心下昼与小吃

南京人一日三餐,早餐为米饭、炒饭或烫饭,并习惯吃些点心,称作“早点心”,后简称“早点”。在清末民初南京的早点心有汤饼(面条)、馄饨、糍团、油炸诸品,穷人则以锅巴为早点。民国以后,南京人的早点品种主要有烧饼、油条、炕大饼、油大饼、蒸饭(含乌饭)、小笼包、汤包、菜包、馒头、花卷、烧卖、糖三角、酒酿饼、发糕、甑儿糕、馓子、麻花、煎饼、油糕、葱油饼等。其中,以烧饼、油条、蒸饭、油大饼等作为早点最受欢迎,也最为普遍。

烧饼,和面粉揉制,一般内放葱花、盐或糖,做成咸、甜不同的口味,表面撒上芝麻,在大炉中贴炉壁由火烤成,出炉后黄灿灿,香喷喷,既便宜又好吃。在五六十年代,一块普通烧饼仅卖两分钱。当然,烧饼也有做得讲究的,内放葱油及其他荤素馅心,其价格也就略高一些,大约五分钱一块。在贴炉烧饼之外,还有铁板电烤的烧饼,这类铁板电烤的烧饼是近 20 年流行开来的。来自苏中地区的“黄桥烧饼”过去很少成为南京人的早点,市面上大多为安徽人制作的普通贴炉烧饼,因其价廉物美,成为南京人早点的主要选择之一。南京的烧饼也有名品,旧时殷高巷三泉桥酥烧饼远近驰名,很多人从远处赶来以购食。此外,夫子庙永和园的蟹壳黄烧饼、奇芳阁的鸭油酥烧饼,以及近年来位于莫愁湖公园附近的成诚烧饼,也都深受市民们的喜爱。

蒸饭,一般用糯米蒸煮而成,有黑白两种,其黑蒸饭南京人称作“乌饭”,系用青精叶煮成。蒸饭黏而不腻,粒粒似珠玉,吃时香味满口,若是乌饭,更带有草木的芳香。蒸饭亦有咸、甜二品,其咸的,在蒸饭中包进腌菜、酱菜,再外加油条 1 ~ 2 根;甜的,就包上白糖,往往也外加油条,用布裹着,双手反向拧转,拧成枣核状。这紧实的蒸饭既好吃又抵饿,是学生们和做工的常用的早点,同时也是行者在旅途中的简便而实惠的食物。在南京卖蒸饭的往往挑着担子或推着车子,摊子就停在路边,不像做烧饼、油条的往往有固定的小店门面。用蒸饭作早点,很能体现南京人及其他江南人“吃饭不吃粥”的传统。

南京人在夏日里有午后“吃下昼”的风俗，又称作吃“中点心”。据清末民初陈作霖《金陵物产风土志》载：“夏昼极长，则下午增一小餐，谓之中点心。果饵有煮菱、熟藕、糖芋之属，粉粢有茯苓糕、黄松糕、甑儿糕之属，市人担而卖之。”“吃下昼”一般在午后三四点钟的时候，夏日人体消耗大，天黑的迟，晚饭要在太阳落山之后，这时需要略吃一点东西，小孩子们更是等着每天在这个时刻可以解解馋。南京“吃下昼”的品种很多，在 20 世纪 50 ~ 60 年代，主要品种有：热老菱、熟藕、热字娄（玉米，现代南京人常误说成“苞芦”）、炕山芋、煮山芋、糖芋苗、糖粥藕、酒酿、酒酿元宵、赤豆元宵、汤圆、炒元宵、小馄饨、煎糍粑、麻团、油炸干、老卤干、回卤干、甑儿糕、发糕、粽子、鸡头果、糖炒栗子、炸白果、金刚脐、蛤蟆酥、油球等。小孩吃的东西还有：萝卜豆、花生米、牙蚕豆、油豆瓣、盐豆、炒米、字娄花、炒米团、锅巴等。

南京的小吃具有软松酥脆、鲜嫩香爽、甜咸得当、有色有形的特点，作为南京风俗的一个特殊领域，它是体验市民生活和观察市井风情的重要窗口。南京的小吃品种多样，据王家敏回忆的一首《南京风味小吃谣》说：

腊八粥，豌豆糕，荷叶乌饭烧元宵；
糖山芋，糖芋苗，桂花酒酿小元宵；
豆沙条，马蹄糕，松子茶糕满街跑；
糖粥藕，五香藕，枣泥馅心山药桃；
豆腐脑，火腿粽，金陵春卷加年糕；
茶叶蛋，鸭血汤，五香驴肉老卤干；
小刀面，大馄饨，荤素水饺炸油条；
什锦包，三丁包，各色烧卖和火烧。

除了上述童谣中提到的种种小吃，还有辣油馄饨、牛肉锅贴、赤豆元宵、汤包、小笼包、素菜包、翡翠烧卖、葱油烧饼、鸭油烧饼、油炸干、鸭血粉丝、旺鸡蛋、五香豆、馓子、麻花、发糕、油饼、酒酿饼、炸春卷、萝卜丝饼等。

在清朝袁枚的《随园食单》中，其“点心”部分基本属于小吃的范畴，其中的品种包括：鳗面、鳝面、素面、蓑衣饼、虾饼、松饼、肉馄饨、韭合、烧饼、千层馒头、竹叶粽、萝卜汤圆、软香糕、栗糕、青团、合欢饼、麻团、藕粉、芋粉团、熟藕、莲子、玉带糕、沙糕、月饼、白云片、鸡豆粥等30余种。此外，民国张通之《白门食谱》也罗列了南京的一些风味小吃，例如石坝街石府鱼翅螃蟹面、扫叶楼素面、徐府庵素鸡与老卤面筋、贵人坊清和园干丝、利涉桥迎水台油酥饼、殷高巷三泉桥酥烧饼、马巷口正春园汤包、马巷中段之熟藕、大中桥下素菜馆菜包、东牌楼南口元宵店之软糕与黑芝麻心汤圆，以及东牌楼北口稻香村蝙蝠鱼与麻酥糖、火腿粽子和猪油年糕，等等。

近代以来，南京小吃集中在夫子庙秦淮河两岸，涌现了一批以小吃而著称的老字号店铺，如永和园、奇芳阁、魁光阁、蒋有记、六凤居、莲湖、瞻园等。秦淮区在1986年成立了风味小吃研究会，上述老字号的师傅们联合进行研究，经过加工、整理、筛选，于1987年推出了选料考究、工艺精细、造型美观、风味独特的系列小吃——“秦淮八绝”。其中，一绝：魁光阁的五香茶叶蛋、五香豆、雨花茶；二绝：永和园的开洋干丝、蟹壳簧烧饼；三绝：奇芳阁的麻油干丝、鸭油酥烧饼；四绝：六凤居的豆腐脑、葱油饼；五绝：奇芳阁的什锦菜包、鸡丝面；六绝：蒋有记的牛肉汤、牛肉锅贴；七绝：瞻园面馆的薄皮烧卖、红汤爆面鱼；八绝：莲湖甜食店的桂花夹心小元宵、五色糕团。（王克瑶：《秦淮八绝 名扬天下》，载《十里秦淮烟水间》，南京市秦淮区政协学习文史委员会编，2004年铅印本）2008年“秦淮八绝”小吃做了调整，沿袭1987年的“一干一稀”的搭配方式，其品种调整为：雨花香茗茶、茶叶蛋、五香豆；麻油煮干丝、鸭油酥烧饼；如意回卤干、什锦素菜包；鸭血汤、开心小烧卖；养颜豆腐脑、夫子庙臭干；牛肉汤、牛肉锅贴；雨花石元宵、梅花甑儿糕；桂花糖芋苗、蜜汁藕片。

咸板鸭与盐水鸭

腌制鸭是南京的传统特产，也是风味独特的地方菜肴。其中，咸板鸭、盐水鸭、酱鸭、烧鸭等名品，脍炙人口，声名远扬，素有“六朝风味”“白门佳品”的美誉。

南京板鸭的制作已有数百年的历史，在明朝就流传着这样的歌谣：“古书院，琉璃塔，玄色缎子，咸板鸭。”板鸭同国子监、报恩寺琉璃塔、黑色的宁缎一起，在当时人的心目中，成为南京最有特色的文化标志。在清朝，板鸭又用作进献皇家的贡品，被称作“贡鸭”，此外，还出现了“官礼板鸭”，在官员间相互赠送。至于南京的一般百姓，也有送鸭的礼俗，例如：春节送板鸭，中秋节送盐水鸭，夏日送水晶鸭（生的去毛未腌制的鸭子），冬日送烤鸭。鸭子在南京不仅是传统美食，也形成了相关的人际交往的风俗。

南京的板鸭以仓巷韩复兴所制的最为有名，1910年在“南洋劝业会”上，韩复兴鸭铺生产的板鸭曾荣获一等奖，从此南京板鸭驰名全国乃至国际，并远销境外。 南京板鸭的生产季节每年从小雪到第二年的清明，其中从大雪到立春是腌制板鸭的最好季节，这期间所生产的板鸭叫作“腊板鸭”，而从立春到清明这一段时间所生产的板鸭，叫作“春板鸭”。“腊板鸭”比“春板鸭”的保存期要长些，一般可保存1～3个月，如果存放于0℃左右的冷库，可延长至6个月左右。板鸭的制作要经过选鸭、催肥、宰杀、轻洗、配料、腌制、抠卤、复卤、出缸、叠坯、排坯、晾挂等工序，而煮食板鸭要经过“泡洗”“上通”“水煮”“看熟”等程序。（袁桂琴：《雪花牌板鸭》、经明海：《白鹭牌板鸭》，载《南京传统食品》，1988年资料本）

板鸭有“香”“酥”“板”“嫩”的特点，其风味独特，回味返甜，是南京人最喜爱的佳肴之一。每逢传统节日，或招待外地的来客和亲友，南京人总要备上鸭子，平时也习惯到卤菜店买些回来自己品尝。不少人由于自己不会煮食板鸭，弄得不是太咸，就是太硬，现在南京人买生板鸭自家煮食的愈来愈少，多往鸭子店去买已煮熟的盐水鸭。

金陵盐水鸭历来被人们称作“无上品”，为烧鸭、烤鸭、酱鸭等所无可比拟。民国时期七家湾西小巷内王厨的盐水鸭远近闻名。据张通之《白门食谱》载：

> 金陵八月时期，盐水鸭最著名，人人以为肉内有桂花香也。王厨此鸭，四时皆佳，其肥而嫩，尤为外间八月所售之盐水鸭不能及。故金陵人士，无不知王厨盐水鸭之名也。

民国胡朴安在《金陵采风记》中也提到吃盐水鸭最好的时节时说：“盐水鸭。淡而脂，肥而不浓，初春及仲秋时，为上品。”盐水鸭质量上乘者，要达到“皮白、肉红、骨头绿”的标准，所谓“骨头绿”，源于腌制鸭子的卤水好。腌鸭的卤水以老卤为好，一般老卤在30年以上的，用来制盐水鸭就比较香了。关于盐水鸭味道的好坏，坊间有“三分在食材，七分在老卤”的说法，即老卤要越老越好。老卤中除了盐水，还得加入20余种香料，只要泡、煮得当，鸭肉就能越嚼越香。

桂花牌盐水鸭是南京盐水鸭中的上品，在1981年和1987年曾获商业部“优质产品”称号，而其他在南京全市星罗棋布的各家民间鸭子店中，也有不少风味传统的佳品。2014年5月《南京晨报》、江苏省餐饮行业协会、

南京盐水鸭

南京鸭业协会联合主办了“最美味鸭王”的评比活动，经推荐与筛选，拿出让专家、市民和公众投票的较好的民间鸭子店就有13家之多，其间还难免有挂漏之处。可见，吃鸭子是南京最突出的饮食风俗。

南京吃鸭子的传统由来已久，早在南朝的齐梁时期就有在幕府山下大米煮鸭，让军士荤食而攻城的记述。传说到明朝，由北方来的回民兄弟二人在南京南郊湖熟开始了板鸭的腌制。（吴福林：《南京板鸭》，载陈济民编著:《南京掌故》，南京出版社2008年版）湖熟俗称“小南京”，是南京的鸭乡。制作南京板鸭、盐水鸭的鸭子过去很多是取自湖熟，也有不少是来自苏中地区的邵伯、高邮之间，当今则有很多是取自本市的溧水区和高淳区。做盐水鸭的鸭子以“水鸭子”为好，一般取45 ~ 100天的鸭子做原料，在南京流传着“一百天的鸡，唧唧唧；一百天的鸭，动刀杀”的谣谚，这时的鸭子皮薄肉嫩，美味可口。如果是用松枝烧，用荷叶裹，则鸭肉就更加妙不可言了。

除了盐水鸭，鸭子店还制售鸭四件、鸭心肝、鸭肫肝、鸭肠等，也都是解馋、下酒的好菜，而马祥兴的“美人肝”（鸭肝），更是一道传统的名菜。至于鸭血粉丝汤，在当代声名远播，已成为南京的小吃名片之一。鸭子在饮食制作中的广泛应用，很好地说明了它在南京的受欢迎程度。

南京人钟爱食鸭，而南京郊区及周边则多食老鹅，如江宁、六合、仪征、扬州等地均以“老鹅”著称，唯独南京专爱鸭子。因此，有人把南京称作“鸭都”，可以说，这点到了南京饮食风俗的一大特点。

主要参考书目

《十三经注疏》，中华书局，1980年版

［梁］宗懔撰：《荆楚岁时记》，山西人民出版社，1987年版

［唐］欧阳询撰：《艺文类聚》，上海古籍出版社，1982年版

［宋］吴自牧著：《梦粱录》，浙江人民出版社，1984年版

［宋］孟元老著：《东京梦华录》，贵州人民出版社，1998年版

［元］张铉纂修：《至正金陵新志》，南京出版社，2000年《金陵全书》版

［明］顾起元撰：《客座赘语》，中华书局，1987年版

［明］郎瑛撰：《七修类稿》，上海书店出版社，2001年版

［明］周晖撰：《金陵琐事·续金陵琐事·二续金陵琐事》，南京出版社，2007年版

［明］王诰、刘雨纂修：《正德江宁县志》，南京出版社，2012年《金陵全书》版

［清］赵翼撰：《陔余丛考》，乾隆庚戌年湛贻堂藏版

［清］王文濡辑：《说库》，文明书局，1915年石印本

［清］阮元编：《经籍籑诂》，成都古籍书店影印，1982年版

［清］汪灏等著：《广群芳谱》，上海书店，1985年影印版

［清］甘熙撰：《白下琐言》，南京出版社，2007年版

［清］吕燕昭修、姚鼐纂：《嘉庆江宁府志》，南京出版社，2011年《金陵全书》版

［清］袁枚修纂：《乾隆江宁县新志》，南京出版社，2013年《金陵全书》版

［清］袁枚、［民国］张通之、［清末民初］龚乃保、［民国］王孝煃撰：《随园食单·白门食谱·冶城蔬谱·续冶城蔬谱》，南京出版社，2009年版

［清末民初］陈作霖、［民国］陈诒绂撰：《金陵琐志九种》，南京出版社，2008年版

［民国］叶楚伧、柳诒徵主编，王焕镳编纂：《首都志》，正中书局，1935年版

［民国］胡朴安编著：《中华全国风俗志》，河北人民出版社，1986年版

［民国］潘宗鼎、［民国］夏仁虎撰：《金陵岁时记·岁华忆语》，南京出版社，2017年版

［民国］陈迺勋、杜福堃编：《新京备乘》，南京出版社，2014年版

南京食品工业协会编：《南京传统食品》，铅印资料本，1988年版

《中国民族民间舞蹈集成·江苏卷》，中国舞蹈出版社，1988年版

《中国民间文学集成·高淳县资料本》，铅印本，1989年版

佚名著：《绘图三教源流搜神大全》，上海古籍出版社，1990年版

陈济明编著：《金陵掌故》，南京出版社，1991年版

丁世良、赵放主编：《中国地方志民俗资料汇编·华东卷》，书目文献出版社，1995年版

茆耕茹著：《胥河两岸的跳五猖》，财团法人施合郑民俗文化基金会，1995年版

陶思炎著：《风俗探幽》，东南大学出版社，1995年版

王桂芳主编：《金陵文化概观》，南京师范大学出版社，1997年版

乔继堂等主编：《中国岁时节令辞典》，中国社会科学出版社，1998年版

中国民间文学集成全国编辑委员会编：《中国歌谣集成·江苏卷》，中国ISBN中心出版，1998年版

陶思炎著：《应用民俗学》，江苏教育出版社，2001年版

薛冰编：《金陵旧事》，百花文艺出版社，2001年版

梁白泉主编：《江苏省志·民俗志》，江苏人民出版社，2002年版

张学义编著：《古南京史话》，延边人民出版社，2002年版

南京市地方志编纂委员会办公室编：《南京民俗志》，方志出版社，2003年版

杨心佛著：《金陵十记》，古吴轩出版社，2003年版

南京市秦淮区政协学习文史委员会编：《十里秦淮烟水间》，铅印资料本，2004 年版

周安庆编著：《灯彩秦淮》，江苏文艺出版社，2004 年版

高淳县政协宣教文卫委员会编：《高淳风俗》，铅印资料本，2005 年版

叶皓主编：《金陵特色文化》，南京出版社，2005 年版

陈济民编著：《南京掌故》，南京出版社，2008 年版

南京民间文艺家协会编：《南京传统手工艺术》，江苏教育出版社，2009 年版

陶思炎著：《中国祥物》，东方出版中心，2012 年版

后 记

南京传统风俗作为南京人的文化创造和乡土记忆，是古都南京的特色资源和文化财富，在城市精神的提炼、文化遗产的保护、特色资源的利用和南京文化的再创方面具有重要的价值。南京市接待办曾委托著者写作了《南京民俗》一书，并由南京出版社正式出版，受到了普遍的好评，在支撑南京文化名城建设方面发挥了积极作用。

南京出版社近年来在南京历史文献和乡土文化的编辑与出版方面创意迭出，成绩斐然。为了帮助读者认知南京，热爱南京，他们又策划了“品读南京”丛书，《南京传统风俗》的选题有幸列于其间。《南京传统风俗》是在《南京民俗》基础上的修订，它以多彩的民间生活、多趣的民俗故事、严谨的学术风格、简练的叙述语言，从岁时、人生、游乐、俗信、艺术和饮食等方面述说南京的故事，力图让读者在品读的过程中认知南京的文化传统，并从中得到快乐和教益。

感谢南京出版社和广大读者朋友们对小作的厚爱，并欢迎大家提出批评意见。

陶思炎